ALLES
VERWENDEN
NICHTS
VERSCHWENDEN

Antonia Kögl

ALLES
VERWENDEN
NICHTS
VERSCHWENDEN

Mit Rezepten, Wochenplänen und Einkaufstipps für die No-Waste-Küche

Fotografie:
Benedikt Steinle

CHRISTIAN

INHALT

Die Autorin

Die gebürtige Bayerin Antonia Kögl lebt seit 2009
mit ihrem Partner Benedikt Steinle in Wien. Gemeinsam
betreiben sie von hier aus seit 2013 den erfolgreichen
Foodblog „Because you are hungry" und haben sich 2015
mit ihrer eigenen Kreativagentur „YAY creative"
selbstständig gemacht.

Nicht nur in der Agentur geht es viel um Food, auch
ihre Freizeit füllt die Autorin mit Kulinarik, geht
gerne essen, auf Märkte und reist in fremde Länder,
um neue Geschmäcker zu entdecken.

Kreativagentur: www.yaycreative.at
Foodblog: www.youarehungry.com

VORWORT

Kochen mit Plan

Die Idee, dieses Kochbuch zu schreiben, kam uns durch Gespräche mit Freunden und Rückmeldungen von Lesern unseres Foodblogs „Because you are hungry". O-Ton in vielen Kulinarikgesprächen war immer wieder: „Wie soll man denn in einem Zwei-Personen-Haushalt restefrei kochen, wenn man in Supermärkten nur große Mengen kaufen kann?" Und dies ist wirklich ein Problem, denn ob in einer WG oder einer Beziehung – für zwei Personen sind die Packungsgrößen meist zu groß und es bleibt einfach immer etwas übrig.

So entstand die Idee, ein Kochbuch zu konzipieren, das genau diese Problematik aufgreift und löst. In diesem Buch geht es darum, Lebensmittel nicht zu verschwenden, sondern alle eingekauften Produkte aufzubrauchen, aus Resten leckere Rezepte zu zaubern und die Speisekammer mit haltbaren, selbst gemachten Produkten zu füllen.

Das Wichtigste hierbei ist, sich am Anfang der Woche zu überlegen, wie oft man zu Hause isst und was man kochen möchte. Denn je besser man plant, desto weniger Reste bleiben übrig, und umso mehr Einkäufe man zusammenfasst, desto günstiger wird der gesamte Einkauf.

Da uns auch die Saisonalität sehr wichtig ist, ist das Buch nach den vier Jahreszeiten gegliedert und kommt mit einer Fülle an Rezeptvorschlägen für jede Jahres- und Tageszeit daher.

Wir wünschen euch viel Freude beim Nachkochen!

Wie dieses Buch FUNKTIONIERT

Mit diesem Kochbuch habt ihr es in der Hand, Reste in eurer Küche zu vermeiden und gesund sowie saisonal zu kochen! Besonders wichtig ist, dass die Rezepte in diesem Buch für zwei Personen ausgelegt sind. Denn gerade für Zwei-Personen-Haushalte ist es sehr schwer, Reste zu vermeiden, da Verpackungsgrößen meist auf einen klassischen Vier-Personen-Haushalt zugeschnitten sind. Wollt ihr dennoch für vier Personen kochen, kann jedes Rezept natürlich auch auf vier Personen hochgerechnet werden. Hierfür müsst ihr einfach alle Zutaten verdoppeln.

Wie ihr sehen werdet, ist der Einkaufszettel praktischerweise für eine Beispielswoche pro Saison schon geschrieben – ihr könnt diesen einfach mit dem Handy abfotografieren und habt automatisch den gesamten Wocheneinkauf gespeichert. Da nicht jeder mittags im Büro und abends Selbstgekochtes isst, wurden diese Kapitel voneinander getrennt, sodass ihr jeweils separate Einkaufslisten dafür findet.

Das Mittagessen fürs Büro

Wichtig ist unter der Woche eine gesunde, abwechslungsreiche Ernährung mittags im Büro. Das Sandwich vom Laden um die Ecke ist zwar nett, sollte aber auch mal durch einen gesunden Salat oder eine Suppe ersetzt werden. Im Buch findet ihr daher in vier Beispielswochen tolle Rezepte für die Büro-Mittagsküche – mit wenigen Zutaten schnell zubereitbar und natürlich so durchdacht, dass keine Reste übrig bleiben.

Alle Rezepte für mittags sind schnell fertig. Eine top ausgestattete Büro-Küche braucht ihr auch nicht, denn für die meisten Rezepte benötigt ihr maximal einen Wasserkocher oder könnt sie schon am Vorabend zu Hause vorbereiten. Das Argument, dass es zu aufwendig sei, im Büro Essen zuzubereiten, zählt also ab sofort nicht mehr!

Die Mengen in der zugehörigen Einkaufsliste sind übrigens wieder für zwei Personen berechnet – damit euer Partner oder
Bürokollege auch etwas davon hat! Bei den
Aufstrichen könnt ihr selbst entscheiden, ob
ihr alle drei zubereiten wollt oder nur einen
oder zwei. Bitte denkt dann aber daran, eure
Einkaufsliste gegebenenfalls anzupassen.

Die warme Mahlzeit am Abend

Ebenfalls wichtig ist eine warme Mahlzeit
am Tag. Gerade unter der Woche muss das
Kochen bei den meisten schnell und einfach
gehen, mit wenigen Zutaten. Das haben
wir bei unseren Rezepten berücksichtigt.
Mit unserer Einkaufsliste müsst ihr dazu die
ganze Woche nicht mehr darüber nach-
denken, was ihr kochen wollt, und könnt
euch einfach auf das Heimkommen freuen!
Abwechslungsreich kochen wir uns mit euch
quer durch alle Geschmacksrichtungen.

Nebst den vier Wochenplänen und Rezepten findet ihr auch immer wieder kleine
Tipps zu Beilagen, die perfekt zu eben diesem Rezept passen würden. Und wer nicht
sieben Tage am Stück zum Kochen kommt,
hebt sich das ein oder andere Rezept einfach für die darauffolgende Woche auf!

Das Frühstück

Natürlich wurde auch das Frühstück nicht außer
Acht gelassen. Da die meisten jedoch nur am
Wochenende ausgiebig frühstücken, haben wir
dieses Kapitel anders angelegt und uns ganz be-
wusst entschieden, hierfür keine Einkaufslisten
ins Buch aufzunehmen. Aber natürlich findet ihr
bei jedem Rezept die nötigen Zutatenangaben.

Das Einkochen

Um jedes saisonale Kapitel abzurunden,
findet ihr jeweils am Ende Rezepte für
Gemüse und Obst, das man je nach Jahreszeit einkochen und für später haltbar
machen kann. Aber auch Extra-Tipps sind
enthalten: Wie man sich in zehn Minuten
seinen eigenen Frischkäse zaubert oder wie
man ohne Dörrautomat Pilze trocknet.

Einkaufen mit Plan

Wenn ihr es vermeiden wollt, dass ihr Zutaten übrig habt, müsst ihr euren Einkauf gut planen! Umso öfter ihr spontan nach der Arbeit „noch schnell einkaufen geht", desto mehr Reste werden übrig bleiben. Also haltet euch am besten an die Wocheneinkaufspläne im Buch oder wählt euch die Rezepte aus, die ihr kochen möchtet, und schreibt euch eure eigene Einkaufliste für die ganze Woche.

Gesunde Lebensmittel einzukaufen muss übrigens nicht teuer sein! Gerade wenn man einen gut durchdachten Einkaufszettel hat, sich an diesen hält und Überflüssiges, das man sowieso nicht essen würde, weglässt, wird man positiv überrascht sein, wie wenig der Wocheneinkauf kostet. So könnt ihr zum Beispiel ein ganzes Huhn kaufen und an zwei Abenden verwerten. Gleiches gilt natürlich auch für den großen Kürbis, aus dem man noch viel mehr machen kann als nur literweise Kürbissuppe! Achtet im Super-

markt auch darauf, immer saisonales Obst und Gemüse zu kaufen, da dies oft günstiger ist als Exoten, die eingeflogen werden.

Beachtet zudem, wann ihr welches Produkt eures Wocheneinkaufs verwendet. Fleisch und Fisch halten sich nicht so lange wie Gemüse. Daher haben wir Fleischgerichte in diesem Buch eher für die erste Wochenhälfte eingeplant, in der zweiten Wochenhälfte und zum Wochenende hin wird es vegetarisch und bunt!

Und schließlich: Einige Grundprodukte wie Olivenöl, Butter oder Gewürze solltet ihr im Vorratsschrank haben. Auch diese findet ihr zu jeder Saison aufgelistet, wobei ihr das meiste bestimmt sowieso schon zu Hause habt!

FRÜHLING

Der Saisonkalender

MÄRZ – MAI

Obst

Apfel
Birne
Erdbeere
Zitrusfrüchte

Gemüse

Bärlauch
Brokkoli
Gartenkresse
Kohlrabi
Kräuter
Kräuterseitling
Mangold
Morchel
Radieschen
Rettich
Rhabarber
grüner Spargel
weißer Spargel
Spinat

Die Einkaufsliste für die ganze Woche

Das musst du einkaufen:

Obst
400 g Erdbeeren
1 Limette
2 Zitronen

Gemüse
1 Bund grüner Spargel
1 Bund weißer Spargel
1 Bund Rhabarber
1 Avocado
1 Bund Radieschen
3 Kräuterseitlinge
125 g junger Spinat
1 mittelgroße Zwiebel

Kräuter
1 Bund Minze
1 Bund Schnittlauch

Kühlprodukte
1 Packung Feta (150 g)
1 Becher Frischkäse
   (200 g), Doppel-
   rahmstufe
1 Becher süße Sahne
   (200 g)
2 Rollen Blätterteig

Sonstiges
1 Packung Roggenvoll-
   korn-Knäckebrot

Das solltest du zu Hause haben:

Butter
Butterschmalz
Dijonsenf
Gemüsebrühe
Knoblauch
Mandelsplitter
Muskatnuss, gemahlen
Olivenöl
Paprika, edelsüß,
   gemahlen
Pfeffer, schwarz
Pflanzenöl
Salz
Weizenmehl, Type 405
Zucker

Das

MITTAGESSEN
FÜRS BÜRO

im Frühling

GRÜNER SPARGELSALAT MIT ERDBEEREN UND FETA

Dauer: 15 Minuten
Zutaten für 2 Personen:

1 Bund grüner Spargel
2 EL Butterschmalz
300 g Erdbeeren
3 EL Olivenöl
1 EL Dijonsenf
Salz
frisch gemahlener
  schwarzer Pfeffer
75 g Feta

Den grünen Spargel waschen und die unteren Enden schälen. In mundgerechte Stücke schneiden. Das Schmalz in einer beschichteten Pfanne erhitzen und den Spargel darin einige Minuten anschwitzen. Die Pfanne vom Herd nehmen und den Spargel in eine Salatschüssel geben.

Die Erdbeeren waschen, putzen, ebenfalls klein schneiden und in der Salatschüssel mit dem fertig gegarten Spargel vermischen.

Aus Olivenöl, Senf und etwas Wasser ein Dressing anrühren. Mit Salz und Pfeffer abschmecken. Spargel und Erdbeeren mit dem Dressing marinieren.

Den Salat in Schüsselchen verteilen, den Feta darüberbröseln und nach Geschmack noch einmal salzen und pfeffern.

KNÄCKEBROT MIT RADIESCHEN UND AVOCADO-CREME

Dauer: 10 Minuten
Zutaten für 2 Personen:

1 Avocado
½ Bund Minze
1 Knoblauchzehe
½ Bund Radieschen
½ Bund Schnittlauch
1 Limette
Salz
frisch gemahlener
  schwarzer Pfeffer
1 Packung Roggenvollkorn-
  Knäckebrot

Die Avocado halbieren, entkernen und mithilfe eines Löffels aushöhlen. Die Minze waschen und die Blätter vom Stängel zupfen. Die Knoblauchzehe abziehen und halbieren. Radieschen waschen, putzen und in feine Scheiben schneiden. Den Schnittlauch fein hacken und die Limette auspressen.

Das Avocadofruchtfleisch, die Minzeblätter und den Knoblauch in einen Mixer geben und zu einer Creme verarbeiten. Mit Limettensaft, Salz und Pfeffer abschmecken.

Die Knäckebrotscheiben mit der Avocado-Creme bestreichen und mit den Radieschenscheiben sowie dem Schnittlauch garnieren.

Tipp:

Bereitet die Avocado-Creme schon am Abend vorher zu, kühlt sie gut über Nacht und nehmt sie am nächsten Tag mit ins Büro.

3 x AUFS BROT: SAISONALE AUFSTRICHE

Dauer je Aufstrich: 5 Minuten
Zutaten für je 2 Personen:

Pilz-Aufstrich

3 Kräuterseitlinge
1 EL Butterschmalz
½ Bund Minze
75 g Feta
2 EL Olivenöl
Salz, frisch gemahlener
  schwarzer Pfeffer

Die Kräuterseitlinge putzen und fein würfeln. Das Schmalz in einer beschichteten Pfanne erhitzen und die Pilzwürfel kurz darin anschwitzen. Die Minzeblätter von den Stängeln zupfen und sehr fein hacken, den Feta zerbröseln und beides mit dem Olivenöl ebenfalls in die Pfanne geben. Alles vermischen und mit Salz und Pfeffer abschmecken.

Spinat-Aufstrich

125 g junger Spinat
½ Bund Schnittlauch
100 g Frischkäse, Doppelrahmstufe
Salz, frisch gemahlener
  schwarzer Pfeffer

Den Spinat waschen und fein hacken. Schnittlauch waschen und in feine Ringe schneiden. Spinat und Frischkäse vermengen, mit Salz und Pfeffer abschmecken und mit dem Schnittlauch bestreuen.

Radieschen-Aufstrich

½ Zitrone
100 g Frischkäse, Doppelrahmstufe
1 TL Paprika, edelsüß, gemahlen
Salz, frisch gemahlener
  schwarzer Pfeffer
½ Bund Radieschen

Die Zitrone auspressen. Den Frischkäse mit der Paprika vermischen und mit Zitronensaft, Salz und Pfeffer abschmecken. Die Radieschen waschen, putzen, fein stifteln und darüberstreuen.

SCHNELLE SPARGELSUPPE

Dauer: 25 Minuten
Zutaten für 2 Personen:

1 Bund weißer Spargel
1 mittelgroße Zwiebel
1 EL Butter
400 ml Gemüsebrühe
200 g süße Sahne
30 g Weizenmehl, Type 405
1 Zitrone
1 Msp. gemahlene Muskatnuss
Salz
frisch gemahlener
  schwarzer Pfeffer

Den Spargel waschen, schälen und in kleine Stücke schneiden. Die Zwiebel abziehen und fein hacken. In einem Topf Butter erhitzen und die Zwiebel darin anschwitzen. Spargel dazugeben und einige Minuten mitbraten. Mit Gemüsebrühe aufgießen und 15 Minuten leicht köcheln lassen, bis der Spargel gar ist.

Die Sahne mit dem Mehl verquirlen und unter die nicht mehr kochende Suppe rühren. Die Zitrone auspressen und die Suppe mit Zitronensaft, Muskat, Salz und Pfeffer abschmecken.

Die Suppe auf zwei Suppenteller verteilen und heiß servieren.

Tipp:

Macht gleich etwas mehr Suppe und überrascht eure Arbeitskollegen! Bereitet die Suppe dafür schon am Abend vorher zu und wärmt sie im Büro nur noch auf.

RHABARBER-ZUPFBROT

Dauer: 50 Minuten
Zutaten für 1 Kastenform:

2 Rollen Blätterteig
50 g Zucker
100 g Erdbeeren
1 Bund Rhabarber
½ Zitrone
3 EL Pflanzenöl
Mandelsplitter

Den Blätterteig ausrollen, mit einem Messer in Quadrate teilen und mit dem Zucker bestreuen. Erdbeeren und Rhabarber waschen, putzen, in sehr dünne Streifen schneiden und auf dem Teig verteilen. Die Zitrone auspressen und die Teigquadrate mit Zitronensaft beträufeln.

Die Kastenform mit Pflanzenöl einfetten. Die Quadrate inklusive Belag vorsichtig übereinanderstapeln (immer maximal vier aufeinander) und in die Kastenform schichten.

Das Zupfbrot in den vorgeheizten Backofen (190 °C, Ober-/Unterhitze) geben und in 40 Minuten goldgelb backen.

Anschließend herausnehmen, kurz abkühlen lassen und vor dem Servieren mit Mandelsplittern garnieren.

Tipp:

Das Zupfbrot könnt ihr wunderbar am Vorabend zubereiten und am nächsten Tag mit einem Kaffee im Büro genießen.

Die Einkaufsliste für die ganze Woche

Das musst du einkaufen:

Obst
2 Zitronen

Gemüse
1 Bund weißer Spargel
700 g Champignons
1 Bund Bärlauch
125 g Spinat
1 Bund Mangold
3 mittelgroße Zwiebeln

Kräuter
1 Bund Petersilie, glatt
1 Bund Oregano
1 Bund Thymian
1 Beet Gartenkresse

Kühlprodukte
2 Becher süße
  Sahne (200 g)
1 Becher Ricotta (250 g)

300g Parmesan
10 Eier

Fleisch
300 g Schweine-
  schnitzel
300 g Rinder-
  hackfleisch
150 g Speck, gewürfelt

Sonstiges
1 Flasche trockener
  Weißwein (750 ml)
1 Baguette
1 Packung Risotto-
  Reis (500 g)
1 Glas eingelegte
  getrocknete Tomaten
1 Packung Spaghetti
  (500 g)

Das solltest du zu Hause haben:

Butter
Butterschmalz
Dijonsenf
Gemüsebrühe
Knoblauch
Milch
Muskatnuss, gemahlen
Olivenöl
Paprika, edelsüß,
  gemahlen
Paprika, geräuchert,
  gemahlen
Pfeffer, schwarz
Salz
Sojasauce, dunkel
Tabascosauce
Tomatenmark

Die

WARME
MAHLZEIT

im Frühling

OFEN-SPARGEL MIT SAUCE HOLLANDAISE

Dauer: 55 Minuten
Zutaten für 2 Personen:

Für den Spargel

1 Bund weißer Spargel
4 EL Butter
1 Bund Thymian
150 g gewürfelter Speck
Salz
frisch gemahlener
  schwarzer Pfeffer

Für die Sauce Hollandaise

200 g Butter
1 Zitrone
3 Eier
50 ml Weißwein
Salz, frisch gemahlener
  schwarzer Pfeffer

Tipp:

Nehmt die Eier schon eine Stunde vor dem Kochen aus dem Kühlschrank, damit sie bei der Verarbeitung zimmerwarm sind.

Den Spargel schälen. Aus zwei Blatt Butterbrotpapier Schiffchen formen und den Spargel hineinlegen. Die Butter in kleinen Portionen auf dem Spargel verteilen. Thymian und Speck dazugeben. Mit Salz und Pfeffer würzen. Das Butterbrotpapier mit Bratgarn verschnüren. Die Päckchen in eine ofenfeste Pfanne geben und im vorgeheizten Backofen (200 °C, Umluft) auf mittlerer Schiene 40 Minuten garen. Anschließend prüfen, ob der Spargel schon gar ist.

Inzwischen für die Hollandaise die Butter erwärmen, bis sie flüssig ist, und die Zitrone auspressen. Drei Eier trennen und das Eigelb in eine Metallschüssel geben. Den Weißwein hinzugießen und beides mit einem Schneebesen verrühren. In einem Topf Wasser kurz aufkochen, dann sofort die Temperatur reduzieren. Sobald das Wasser nicht mehr kocht, die Metallschüssel auf den Topf stellen, sodass der Schüsselboden das heiße Wasser nur knapp berührt.

Während des Erwärmens die Eimasse mit einem Schneebesen schlagen, bis sie schaumig wird. Die Masse dabei wirklich permanent quirlen, damit sie nicht stockt und flockig wird. Die flüssige Butter nun langsam und unter Rühren in die schaumige Eimasse geben. Sobald die Butter eingerührt und die Sauce cremig ist, die Schüssel vom Herd nehmen und die Sauce mit Salz, Pfeffer und dem Zitronensaft abschmecken. Den gegarten Spargel im geöffneten Butterbrotpapier mit der Sauce Hollandaise servieren.

RAUCHIGE SCHWEINESPIESSE MIT PILZ-PASTA

Dauer: 40 Minuten
Zutaten für 2 Personen:

300 g Schweineschnitzel
2 EL dunkle Sojasauce
3 EL Tomatenmark
1 EL Paprika, geräuchert,
   gemahlen
1 TL Tabascosauce
350 g Champignons
1 mittelgroße Zwiebel
2 EL Butter
100 ml Weißwein
200 g süße Sahne
Salz
frisch gemahlener
   schwarzer Pfeffer
200 g Spaghetti
1 Bund glatte Petersilie

Tipp:

Wie Pilze länger halt-
bar bleiben, lest ihr auf
Seite 53.

Das Schweinefleisch in etwa 2 x 2 cm große Stücke schneiden und flach klopfen. Aus Sojasauce, Tomatenmark, Paprika und Tabascosauce eine Marinade mischen, das Fleisch darin wenden und für 20 Minuten einlegen.

Währenddessen die Champignons putzen und in Scheiben schneiden. Die Zwiebel abziehen und in feine Ringe schneiden. In einer Pfanne die Butter erhitzen und die Zwiebel darin anschwitzen. Champignons dazugeben und 1 Minute mit anbraten. Mit Weißwein ablöschen und mit Sahne aufgießen. 5 Minuten leicht köcheln lassen. Mit Salz und Pfeffer abschmecken.

Das marinierte Fleisch auf Schaschlikspieße aufziehen. Entweder auf dem vorgeheizten Grill zubereiten oder im vorgeheizten Backofen (180 °C, Ober-/Unterhitze) garen.

Inzwischen in einem großen Topf Salzwasser zum Kochen bringen und die Spaghetti darin al dente kochen. Die Spaghetti abgießen und die Pilzsauce unter die fertige Pasta mischen. Die Petersilie waschen, die Blätter vom Stängel zupfen und hacken.

Die Pilz-Pasta in zwei Schüsseln anrichten, mit der Petersilie bestreuen und gemeinsam mit den Spießen servieren.

BÄRLAUCH-RÜHREI MIT GERÖSTETEM BAGUETTE

Dauer: 15 Minuten
Zutaten für 2 Personen:

⅓ Baguette
3 EL Butter
4 Eier
125 g Ricotta
30 ml Milch
1 Prise gemahlene
   Muskatnuss
Salz
frisch gemahlener
   schwarzer Pfeffer
1 Bund Bärlauch

Das Baguette in kleine (0,5 x 0,5 cm große) Würfel schneiden. 2 EL Butter in einer beschichteten Pfanne erhitzen und die Brotwürfel darin einige Minuten anbraten. Die Würfel anschließend aus der Pfanne nehmen und auf Küchenkrepp auskühlen lassen. Die Pfanne beiseitestellen.

Eier, Ricotta, Milch und Muskat vermischen und mit Salz und Pfeffer würzen. Den Bärlauch gut waschen, grob hacken und unter die Eimasse mischen.

In der bereits benutzten Pfanne die restliche Butter erhitzen. Die Eimasse hineingeben und zu einem Rührei verarbeiten.

Das fertige Rührei auf zwei Teller verteilen und mit den gerösteten Brotwürfeln garnieren.

RHABARBER-RISOTTO MIT SELBST GEMACHTEM CHUTNEY

Dauer: 30 Minuten
Zutaten für 1 Kastenform:

1 mittelgroße Zwiebel
1 Knoblauchzehe
2 EL Olivenöl
300 g Risotto-Reis
300 ml Weißwein
1,2 l Gemüsebrühe
50 g Parmesan
½ Bund Oregano
Salz
frisch gemahlener
  schwarzer Pfeffer
1 Glas Rhabarber-Chutney
  (Rezept siehe Seite 50)

Tipp:

Das Risotto wird noch cremiger, wenn ihr während des Kochens mit der Kelle immer etwas Reis hochnehmt und ihn in den Topf schlagt. So löst sich die Stärke besser aus den Körnern.

Die Zwiebel und die Knoblauchzehe abziehen und fein würfeln. In einem Topf das Olivenöl erhitzen und die Zwiebel darin anschwitzen. Den Knoblauch dazugeben, einmal umrühren und dann den Reis untermischen. Einige Minuten anschwitzen, dann mit dem Weißwein ablöschen. Nun immer wieder nur so viel Brühe hinzugeben, dass der Reis gerade damit bedeckt ist. Köcheln lassen und stetig umrühren. So für etwa 10 Minuten weiter verfahren, Brühe hinzugießen und umrühren. Dabei darauf achten, dass der Reis nicht am Boden des Topfs anbrennt. Nach insgesamt 10–12 Minuten das erste Mal probieren, ob die Reiskörner schon weich sind. Sie müssen noch bissfest sein, wenn der Topf vom Herd genommen wird, denn der Reis zieht noch etwas nach. Falls nötig, den Reis noch weiterköcheln lassen und weiterhin umrühren.

Zwischenzeitlich den Parmesan reiben sowie die Oreganoblätter vom Stängel zupfen und waschen. Hat der Reis die gewünschte Konsistenz erreicht, den Parmesan einrühren und mit Salz und Pfeffer abschmecken.

Das Risotto auf zwei Teller verteilen, das Rhababer-Chutney darübergeben und mit dem Oregano dekorieren.

ONE-POT-PASTA MIT TOMATEN UND SPINAT

Dauer: 15 Minuten
Zutaten für 2 Personen:

1 Glas eingelegte
   getrocknete Tomaten
125 g Spinat
1 mittelgroße Zwiebel
1 Knoblauchzehe
½ Bund Oregano
300 g Spaghetti
3 EL Tomatenmark
1 EL Tabascosauce
2 EL Paprika, edelsüß,
   gemahlen
300 ml Weißwein
125 g Ricotta
Salz
frisch gemahlener
   schwarzer Pfeffer
100 g Parmesan

Die getrockneten Tomaten abgießen und kurz unter fließendem Wasser abspülen. Den Spinat waschen, entstielen und die Blätter grob hacken. Zwiebel und Knoblauch abziehen und fein hacken. Die Oregano-blätter von den Stängeln zupfen und hacken.

Alle Zutaten, ausgenommen den Parmesan und die Hälfte des Oreganos, in einen großen Topf geben, vermischen und mit so viel Wasser aufgießen, dass alles mindestens 2 cm überdeckt wird. Die Mischung aufkochen, anschließend bei mittlerer Temperatur 10–12 Minuten leicht köcheln lassen, bis die Pasta al dente ist.

Den Parmesan reiben. Die Pasta mit Salz und Pfeffer abschmecken, mit dem restlichen Oregano sowie dem Parmesan bestreuen und direkt aus dem Topf genießen.

REISFLADEN MIT SAFTIGEM RINDFLEISCH

Dauer: 35 Minuten
Zutaten für 2 Personen:

200 g Risotto-Reis
300 ml Gemüsebrühe
1 Zitrone
Salz
frisch gemahlener
  schwarzer Pfeffer
300 g Rinderhackfleisch
2 EL Paprika, edelsüß,
  gemahlen
2 EL Tomatenmark
1 TL dunkle Sojasauce
1 EL Butterschmalz
Dijonsenf
sauer eingelegter Spargel
  (Rezept siehe Seite 52)
½ Beet Gartenkresse

Den Risotto-Reis mit der Gemüsebrühe in einem Topf zum Kochen bringen. Die Temperatur reduzieren und den Reis köcheln lassen, dabei immer wieder umrühren, bis er die Flüssigkeit beinahe aufgesogen hat. Den Topf mit einem Deckel verschließen und den Reis 10 Minuten bei niedriger Temperatur ziehen lassen. Die Zitrone auspressen. Den Reis mit Salz, Pfeffer und Zitronensaft würzen, beiseitestellen und abkühlen lassen.

Währenddessen das Hackfleisch mit Paprika, Tomatenmark, Sojasauce, Salz und Pfeffer würzen. Schmalz in einer Pfanne erhitzen. Vier Patties aus dem Hackfleisch formen und in der Pfanne von beiden Seiten in je 2 Minuten gar braten.

Ein Viertel des Risottoreises fest in einen Metallring pressen und anschließend herausdrücken. So insgesamt vier Reisfladen formen. Die Reisfladen auf Tellern anrichten. Jeweils einen gebratenen Patty auf die Fladen legen und mit einem großen Klecks Senf sowie mit sauer eingelegtem Spargel belegen. Je nach Belieben noch salzen und pfeffern und mit Kresse garnieren.

Tipp:

Sauer eingelegter Spargel passt perfekt zu diesem Bagel mit Rindfleisch. Das Rezept findet ihr auf Seite 52.

RESTEKÜCHE DER WOCHE: BROTAUFLAUF

Dauer: 40 Minuten
Zutaten für 2 Personen:

200 g süße Sahne
3 Eier
Salz
frisch gemahlener
  schwarzer Pfeffer
1 Prise gemahlene Muskatnuss
⅔ Baguette von Mittwoch
1 Bund Mangold
350 g Champignons
150 g Parmesan
½ Beet Gartenkresse

Sahne, Eier, Salz, Pfeffer und Muskat miteinander vermischen. Das Baguette grob würfeln und in die Eimasse geben. Den Mangold waschen, entstielen und die Blätter grob hacken. Die Champignons putzen und würfeln, den Parmesan reiben. Mangold und Pilze unter die Ei-Brot-Masse mischen. In eine große Auflaufform oder mehrere kleine ofenfeste Töpfchen gießen und mit dem Parmesan bestreuen.

Im vorgeheizten Backofen (180 °C, Ober-/Unterhitze) 30 Minuten backen.

Den Auflauf heiß servieren und je nach Belieben mit Kresse garnieren oder Toast dazu reichen.

Das

FRÜHSTÜCK

im Frühling

SPARGEL-FRITTATA MIT ZWEIERLEI SPARGEL UND FRISCHEN KRÄUTERN

Dauer: 20 Minuten
Zutaten für 2 Personen:

½ Bund weißer Spargel
4 Eier
20 ml Milch
Salz
2 EL Butterschmalz
½ Bund grüner Spargel
5 EL Ricotta
½ Bund Kerbel
½ Bund glatte Petersilie

Den weißen Spargel waschen. In einem Topf Salzwasser zum Kochen bringen und den Spargel darin gar kochen, anschließend abgießen und mit einem Pürierstab cremig pürieren. Eier, Milch und etwas Salz hinzugeben und gut vermischen.

Das Schmalz in einer ofenfesten Pfanne erhitzen und die Spargel-Ei-Masse eingießen. Kurz stocken lassen. Den grünen Spargel waschen, die unteren Enden schälen und den Spargel längs halbieren. Ricotta und grünen Spargel auf der Spargel-Frittata verteilen und im vorgeheizten Backofen (160 °C, Umluft) in 10–12 Minuten fertig backen. In der Zwischenzeit den Kerbel und die Petersilie waschen, die Blätter von den Stängeln zupfen und hacken.

Die fertige Spargel-Frittata mit Petersilie und Kerbel bestreuen und nach Belieben mit Brot servieren.

SMOOTHIES: GREEN PROTEIN VS. SWEET HAZELNUT

Dauer je Smoothie: 5 Minuten
Zutaten für je 2 Personen:

Green Protein

100 g junger Spinat
½ Salatgurke
1 Banane
200 ml Buttermilch
2 EL Ahornsirup

Den Spinat und die Gurke waschen, die Banane schälen. Dann alle Zutaten in den Mixer geben und zu einem cremigen Smoothie verarbeiten.

Sweet Hazelnut

1 Banane
200 ml Buttermilch
2 EL Ahornsirup
100 g Haferflocken
50 g geriebene Haselnusskerne
1 EL Kakaopulver

Die Banane schälen. Dann alle Zutaten in den Mixer geben und zu einem cremigen Smoothie verarbeiten.

Tipp:

Gebt noch einige Eiswürfel mit in den Mixer, wenn ihr Smoothies gerne kalt trinkt.

KOKOS-MILCHREIS
MIT ANANAS UND MINZE

Dauer: 20 Minuten
Zutaten für 2 Personen:

100 g Jasmin-Reis
50 g Puderzucker
250 ml Kokosmilch
½ Ananas
1 Bund Minze
1 unbehandelte Limette

In einem Topf den Reis gemeinsam mit dem Puderzucker, der Kokosmilch und 50 ml Wasser erhitzen, einmal aufkochen und bei mittlerer Temperatur köcheln lassen, bis der Reis die Flüssigkeit aufgenommen hat. Währenddessen immer wieder umrühren. Anschließend den Herd ausschalten, den Deckel auf den Topf setzen und den Reis 10 Minuten ruhen lassen.

Die Ananas schälen und würfeln. Die Minze waschen, die Blätter abzupfen und diese hacken. Mit einem Zestenreißer oder einem Sparschäler die Limette fein schälen. Die Ananas mit der Minze und den Limettenzesten vermischen.

Den Kokos-Milchreis auf zwei Schüsselchen verteilen und gemeinsam mit der Ananas servieren.

SCHNELLES RÜHREI MIT LACHS UND RADIESCHENSALAT

Dauer: 15 Minuten
Zutaten für 2 Personen:

Für den Radieschensalat

1 Bund Radieschen
1 Stück Ingwer (1 cm)
1 Bund Koriander
1 Zitrone
4 EL Sesamöl
Salz
frisch gemahlener
  schwarzer Pfeffer

Für das Rührei

½ Bund Dill
4 Eier
200 g süße Sahne
1 Msp. gemahlene
  Muskatnuss
Salz
frisch gemahlener
  schwarzer Pfeffer
2 EL Butter
150 g Räucherlachs

Radieschen waschen, putzen und in dünne Scheiben schneiden. Den Ingwer schälen und reiben. Den Koriander waschen und hacken sowie die Zitrone auspressen. In einer Schüssel die Radieschen mit dem Ingwer, Koriander, Zitronensaft, Sesamöl sowie etwas Salz und Pfeffer vermischen.

Dill waschen, von den Stängeln zupfen und hacken. Eier, Sahne, Muskat und 1 EL Dill vermischen und mit Salz und Pfeffer würzen. In einer Pfanne die Butter erhitzen. Die Eimasse hineingeben. Den Lachs mit den Fingern in Stücke zupfen und untermischen, alles zu einem Rührei verarbeiten.

Das fertige Rührei auf zwei Teller verteilen und mit dem Radieschensalat garnieren.

Das

EINKOCHEN

im Frühling

RHABARBER-CHUTNEY

Dauer: 35 Minuten
Zutaten (ergibt
6 Einmachgläser à 200 ml):

1,5 kg Rhabarber
300 g Karotten
1 Stück Ingwer (3 cm)
1 rote Chilischote
5 Kardamomkapseln
100 g Zucker, braun
60 ml Weißweinessig
40 g Mandeln
5 Kaffir-Limettenblätter
1 TL Salz

Den Rhabarber putzen und in etwa 2 cm große Stücke schneiden. Die Karotten waschen, schälen und anschließend fein würfeln. Den Ingwer schälen. Ingwer und die Chilischote (inklusive der Kerne) ebenfalls würfeln und die Kardamomkapseln mit der flachen Seite der Messerklinge etwas zerdrücken.

Alle Zutaten gemeinsam in einen großen Topf geben, gut miteinander vermengen und bei mittlerer Temperatur aufkochen. Den Deckel auf den Topf setzen und das Chutney bei mittlerer Temperatur 20 Minuten einkochen lassen. Immer wieder umrühren. Schließlich an einem Stückchen Karotte testen, ob sie schon weich ist. Sobald das Gemüse gar ist, den Herd ausschalten und das Chutney pürieren.

Die Einmachgläser sowie die Deckel mindestens 10 Minuten in heißem Wasser abkochen. Anschließend das Chutney sofort in die Gläser abfüllen und diese mit den Deckeln gut verschließen. Dabei darauf achten, dass Deckel und Rand der Gläser sauber sind. Die Gläser für 5 Minuten auf den Kopf stellen, dann umdrehen und vollständig auskühlen lassen.

Das Chutney ist bei dunkler Lagerung 3–4 Monate haltbar.

BÄRLAUCH-PESTO

Dauer: 20 Minuten
Zutaten (ergibt
3 Einmachgläser à 400 ml):

4 Bund Bärlauch
Salz
2 Zitronen
1 Bund Koriander
400 g geschälte Mandeln
100 ml Olivenöl
frisch gemahlener
  schwarzer Pfeffer

Tipp:

Dieses Rezept eignet
sich nicht nur für Bärlauch,
auch Spinat lässt sich
damit prima zu leckerem
Pesto verarbeiten.

Den Bärlauch gut waschen. In einem Topf Salzwasser
zum Kochen bringen und den Bärlauch darin
2 Minuten blanchieren. Den Bärlauch anschließend
abgießen und in kaltem Wasser abschrecken.

Die Zitronen auspressen und den Koriander waschen.
Bärlauch mit dem Zitronensaft und den restlichen
Zutaten in einen Mixer geben und zu einer cremigen
Masse verarbeiten. Mit Salz und Pfeffer abschmecken.

Die Einmachgläser sowie die Deckel mindestens
10 Minuten in kochendem Wasser abkochen.
Anschließend das Pesto sofort in die Gläser abfüllen
und diese mit den Deckeln gut verschließen. Dabei
darauf achten, dass Deckel und Rand der Gläser
sauber sind. Einen Einmachtopf mit Gitter am Boden
auf den Herd stellen und die befüllten Gläser hineingeben. Den Topf mit so viel Wasser befüllen, dass das
oberste Glas zu zwei Dritteln mit Wasser bedeckt ist.
Wasser erhitzen und mindestens 30 Minuten kochen.
Anschließend die Gläser herausnehmen und abkühlen
lassen.

Das Bärlauch-Pesto ist bei dunkler Lagerung etwa
3 Monate haltbar.

WEISSER SPARGEL SAUER EINGELEGT

Dauer: 20 Minuten
Zutaten (ergibt
3 Einmachgläser à 400 ml):

2 Bund weißer Spargel
Salz
400 ml Balsamico, weiß
300 ml Weißwein
60 g Zucker
3 TL schwarze Pfefferkörner
1 EL Wacholderbeeren
2 Lorbeerblätter

Tipp:

Dieses Rezept eignet sich nicht nur für Spargel, auf die gleiche Weise lassen sich auch Radieschen sauer einlegen.

Den Spargel waschen, schälen und in 5 cm lange Stücke schneiden. In einem großen Topf Salzwasser zum Kochen bringen und den Spargel 10 Minuten kochen. Anschließend abschöpfen und unter kaltem Wasser abschrecken.

Für den Sud 500 ml vom Kochwasser im Topf belassen und Balsamico, Weißwein sowie Zucker untermischen. Sobald sich der Zucker im heißen Wasser aufgelöst hat, den Herd abschalten und die Pfefferkörner, Wacholderbeeren und Lorbeerblätter dazugeben.

Die Einmachgläser sowie die Deckel mindestens 10 Minuten in heißem Wasser abkochen. Anschließend die gegarten Spargelstücke sofort auf die Gläser verteilen und mit dem Sud aufgießen. Die Gläser mit den Deckeln gut verschließen. Dabei darauf achten, dass Deckel und Rand der Gläser sauber sind. Die Gläser für 5 Minuten auf den Kopf stellen, dann umdrehen und vollständig auskühlen lassen.

Der eingelegte Spargel ist bei dunkler Lagerung etwa 6 Monate haltbar.

PILZE TROCKNEN:
MORCHELN & CHAMPIGNONS

Beim Thema Pilze denken sicherlich die meisten an Herbst. Aber gerade auch im Frühling bietet es sich an, frische Pilze zu trocknen und so lange haltbar zu machen. Saisonale Pilze sind zum Beispiel Kräuterseitlinge, Morcheln und Champignons.

Das Trocknen geht einfach und schnell. Auch ohne Dörrautomat klappt das ganz einfach mit einem Haushaltbackofen.

Im getrockneten Zustand behalten Pilze ihr volles Aroma, denn während des Trocknungsprozesses wird ihnen nur die Flüssigkeit entzogen. Möchte man die getrockneten Pilze später verwenden, kann man sie daher entweder fein raspeln und zum Würzen nutzen oder eine Stunde vor dem Gebrauch in Wasser, Rotwein oder Brühe einlegen und im Anschluss wie frische Pilze weiterverwerten.

Vor dem Trocknen müssen die Pilze zur Vorbereitung trocken geputzt werden – nicht nass abgewaschen, sonst verlieren sie ihr Aroma. Dieser erste Schritt ist der Wichtigste im ganzen Prozess, denn nur trockene, saubere Pilze sollten gedörrt werden.

Den Backofen vorheizen (90 °C, Umluft). Die gesäuberten Pilze in dünne Scheiben schneiden. Morcheln können auch im Ganzen getrocknet werden. Die Pilzscheiben ohne Backpapier direkt auf einen Gitterrost legen, damit die Luft gut zirkulieren kann. In die Backofentüre einen Kochlöffel klemmen, damit die Türe einen Spalt geöffnet bleibt und die Feuchtigkeit entweichen kann. Die Pilze nun etwa drei Stunden lang im Ofen trocknen und dabei alle 30 Minuten wenden. Die getrockneten Pilze anschließend abkühlen lassen.

In luftdichten Behältern gelagert sind die Pilze 4–6 Monate haltbar.

Selbstgemachtes
IST DOCH
DAS BESTE!

Eines muss man schon sagen: Etwas selbst zu machen ist natürlich zeitintensiver, als die Packung Pasta einfach im Supermarkt zu kaufen. Aber ganz ehrlich: Es ist nicht so sexy, es macht weniger Spaß und es ist definitiv immer teurer!

Der DIY-Faktor ist natürlich ein Hauptargument. Jedoch ist es gerade in einem Zwei-Personen-Haushalt sehr praktisch, wenn man „seine" Menge an Pasta produzieren kann und nicht auf die vom Supermarkt meist auf Vier-Personen-Haushalte vorgegebenen Mengen zurückgreifen muss.

Wir persönlich lieben es, Nudeln jeglicher Form selbst zu machen. Aber noch viel mehr Lebensmittel lassen sich leicht und schnell selbst herstellen. Wer hat schon mal selbst Brot gebacken? Man muss hier nicht gleich mit einem Sauerteig einsteigen, ein Weißbrot zu backen ist einfacher und im Ofen ruck zuck

Was würde hier in diesem Buch besser passen, als aufzuzeigen, warum man einige Grundprodukte selbst herstellen sollte und wie cool es ist, zum Beispiel sein Fleisch selbst zu Hackfleisch zu verarbeiten!

fertig. Und dann könnte man direkt auch den Frischkäse für sein Schnittlauchbrot selber machen! Geht super einfach und dauert nur 10 Minuten! Das Rezept findet ihr im Buch auf Seite 141. Genauso leicht ist es, Senf selbst zu machen – im Buch auf Seite 184. Im Sommer lieben wir es auch, Eis genau nach unseren Vorstellungen herzustellen. Oder – und dafür sind wir ja quasi bekannt – unsere eigenen Grillwürste: Denn Würste zu Hause zu machen geht nicht nur einfach, man weiß auch exakt, was drin ist! Fleisch sollte man generell immer selber zu Hackfleisch verarbeiten, denn gerade bei den Würsten kann man diese dann nach dem eigenen Gusto würzen!

In Wien geben wir seit einigen Jahren Wurst-Workshops und zeigen unseren Teilnehmern, wie man selbst zu Hause Grill- und Brühwürste herstellt. Wir verwenden hierfür am liebsten den „Cooking Chef" von Kenwood – eine praktische Küchenmaschine mit unzähligen Add-Ons, sodass man ihn in eine Nudelmaschine, einen Fleischwolf, eine Wurstfüllmaschine oder sogar eine Eismaschine verwandeln kann! Schnell sind Pestos und Grill-Dips mit dem passenden Multi-Zerkleinerer oder ein gesunder Saft mit dem passenden Entsafter gezaubert. Das Zubehör lässt sich einfach und unkompliziert an den „Cooking Chef" montieren. Was uns besonders gefällt ist, dass nur wenige Elemente aus Plastik sind und das Küchengerät daher wirklich lange einsetzbar bleibt.

Selbst verständlich kann man aber auch Küchengeräte anderer Hersteller für die Zubereitung unserer Rezepte verwenden.

SOMMER

Der Saisonkalender

JUNI – AUGUST

Obst	*Gemüse*
Ananas	Blumenkohl
Apfel	Bohne
Aprikose	Erbse
Banane	Feldsalat
Blaubeere	Gartenkresse
Heidelbeere	Gurke
Himbeere	Karotte
Johannisbeere	Kopfsalat
Kirsche	Kräuter
Kiwi	Mais
Nektarine	Paprika
Pfirsich	Pfefferoni
Pflaume	Rucola
Wassermelone	Tomate
Zuckermelone	Zucchini

Die Einkaufsliste für die ganze Woche

Das musst du einkaufen:

Obst
1 Wassermelone
1 Becher Physalis
3 Zitronen

Gemüse
1 Salatgurke
1 gelbe Zucchini
1 rote Paprika
125 g Rucola
125 g Feldsalat
1 Beet Gartenkresse
3 mittelgroße Tomaten
1 Avocado
1 mittelgroße Zwiebel
2 rote Chilischoten

Kräuter
1 Bund Basilikum
1 Bund Petersilie
1 Bund Schnittlauch

Kühlprodukte
2 Packungen
   Mini-Mozzarella
   (à 125 g)
1 Becher Frischkäse
   (200 g), Doppel-
   rahmstufe
1 Becher körniger
   Frischkäse (200 g)
1 Packung frische
   Gnocchi (300 g)

Sonstiges
1 Dose Mais (300 g)
1 Kaisersemmel
1 Packung Tortilla-
   Wraps (6 Stück)

Das solltest du zu Hause haben:

Knoblauch
Olivenöl
Paprika, edelsüß,
   gemahlen
Pfeffer, schwarz
Rosmarin, getrocknet
Salz
Balsamico, weiß

Das

MITTAGESSEN FÜRS BÜRO

im Sommer

MELONEN-GURKEN-SALAT MIT MOZZARELLA UND PETERSILIE

Dauer: 10 Minuten
Zutaten für 2 Personen:

⅓ Wassermelone
½ Salatgurke
250 g Mini-Mozzarella
1 rote Chilischote
2 EL Olivenöl
Salz
frisch gemahlener
  schwarzer Pfeffer
1 Bund Petersilie
3 Tortilla-Wraps

Das Fruchtfleisch der Melone aus der Schale lösen, entkernen und in Würfel schneiden. Die Salatgurke waschen und ebenfalls in Würfel schneiden. Die Mozzarellakugeln in einem Seiher abtropfen lassen und in einer Schüssel mit den Melonen- und Gurken-würfeln vermischen.

Die Chilischote fein hacken. Aus Olivenöl, Salz, Pfeffer und Chili ein Dressing anrühren und den Salat damit marinieren. Alles gut vermischen, dann den Salat auf zwei Schüsselchen verteilen.

Die Blätter der Petersilie von den Stängeln zupfen, fein hacken und über den Salat streuen. Die Tortillas in Dreiecke schneiden und zum Salat servieren.

YELLOW GNOCCHI MIT MAIS, GELBER ZUCCHINI UND PHYSALIS

Dauer: 15 Minuten
Zutaten für 2 Personen:

300 g frische Gnocchi
1 mittelgroße Zwiebel
1 gelbe Zucchini
300 g Mais
1 Becher Physalis
8 EL Olivenöl
1 Zitrone
getrockneter Rosmarin
Salz
frisch gemahlener
  schwarzer Pfeffer
½ Beet Gartenkresse

Die Gnocchi in kochendem Salzwasser 2 Minuten beziehungsweise laut Packungsanleitung garen, anschließend abgießen. Den Topf beiseitestellen.

Die Zwiebel abziehen und fein würfeln, die Zucchini in dünne Streifen schneiden, den Mais in einem Seiher abtropfen lassen und die Physalis aus den Blütenkelchen lösen, waschen und halbieren.

Im Topf nun 3 EL Olivenöl erhitzen und die Zwiebel darin anschwitzen. Zucchini zur Zwiebel geben und einige Minuten anbraten. Den Mais und die Physalis untermischen. Nach 1 Minute den Herd ausschalten.

Die Zitrone auspressen. Zitronensaft, 5 EL Olivenöl und etwas Rosmarin gemeinsam mit den Gnocchi zum Gemüse geben und alles gut vermischen. Mit Salz und Pfeffer abschmecken.

Die Gnocchi auf zwei Teller verteilen. Die Kresse abernten und darüberstreuen.

3 x AUFS BROT:
SAISONALE AUFSTRICHE

Dauer je Aufstrich: 5 Minuten
Zutaten für je 2 Personen:

Paprika-Aufstrich

1 rote Paprika
1 TL getrockneter Rosmarin
100 g körniger Frischkäse
1 EL Paprika, edelsüß,
   gemahlen
Salz, frisch gemahlener
   schwarzer Pfeffer

Die Paprika waschen, halbieren, entkernen und grob würfeln. Zusammen mit dem Rosmarin, dem körnigen Frischkäse und der Paprika im Mixer zu einem Aufstrich verarbeiten. Mit Salz und Pfeffer abschmecken.

Gurken-Aufstrich

½ Salatgurke
½ Bund Schnittlauch
½ Zitrone
100 g Frischkäse, Doppelrahmstufe
Salz, frisch gemahlener
   schwarzer Pfeffer

Die Gurke waschen und sehr fein würfeln. Den Schnittlauch waschen und fein hacken. Die halbe Zitrone auspressen. Gurke, Schnittlauch, Zitronensaft und Frischkäse mit einer Gabel vermischen. Mit Salz und Pfeffer abschmecken.

Rucola-Aufstrich

125 g Rucola
½ Beet Gartenkresse
½ Zitrone
100 g Frischkäse, Doppelrahmstufe
1 EL Olivenöl
Salz, frisch gemahlener
   schwarzer Pfeffer

Den Rucola waschen, die Kresse abernten und die halbe Zitrone auspressen. Rucola, Kresse, Zitronensaft sowie Frischkäse und Olivenöl im Mixer zu einem Aufstrich verarbeiten. Mit Salz und Pfeffer abschmecken.

WASSERMELONEN-GAZPACHO

Dauer: 10 Minuten
+ 30 Minuten kühlen
Zutaten für 2 Personen:

⅔ Wassermelone
3 mittelgroße Tomaten
2 Knoblauchzehen
100 ml Olivenöl
1 Kaisersemmel
½ Bund Basilikum
3 EL Balsamico, weiß
1 rote Chilischote
Salz
frisch gemahlener
  schwarzer Pfeffer

Das Fruchtfleisch der Wassermelone aus der Schale lösen. 2 EL davon sehr fein würfeln und beiseitestellen. Den Rest entkernen, grob würfeln und in einen Standmixer geben. Die Tomaten halbieren, den Knoblauch abziehen und gemeinsam mit dem Olivenöl zur Melone geben. Einmal kurz mixen.

Die Semmel mit den Fingern in kleine Stücke zerteilen, die Blätter des Basilikums vom Stängel zupfen und beides ebenfalls in den Mixer geben. Essig, Chilischote und Basilikum zugeben und so lange mixen, bis eine homogene Konsistenz entsteht. Die Gazpacho mit Salz und Pfeffer abschmecken, auf zwei Schüsseln verteilen und mindestens 30 Minuten kühl stellen.

Die Gazpacho vor dem Essen mit den Melonenwürfeln und etwas frischem Basilikum garnieren sowie salzen und pfeffern.

VEGGIE-WRAP
MIT RESTEN DER WOCHE

Dauer: 15 Minuten
Zutaten für 2 Personen:

½ Bund Basilikum
100 g körniger Frischkäse
3 Tortilla-Wraps
125 g Feldsalat
1 Avocado
1 Zitrone
½ Bund Schnittlauch
Salz
frisch gemahlener
  schwarzer Pfeffer

Die Basilikumblätter von den Stängeln zupfen, fein hacken und mit der Hälfte des körnigen Frischkäses vermischen. Die Masse auf die drei Tortillas verteilen und verstreichen. Den restlichen körnigen Frischkäse dazugeben. Den Feldsalat waschen, trockenschütteln und ebenfalls darauf verteilen.

Die Avocado halbieren, entkernen, das Fruchtfleisch aus der Schale lösen und mit einer Gabel etwas zerdrücken. Die Zitrone auspressen, die zerdrückte Avocado mit dem Saft abschmecken und auf dem Feldsalat verteilen. Den Schnittlauch fein hacken und darüberstreuen. Mit Salz und Pfeffer würzen.

Die Tortillas auf Teller verteilen, locker zu Wraps eindrehen und nach Belieben mit einem Spießchen fixieren.

Die Einkaufsliste für die ganze Woche

Das musst du einkaufen:

Obst
3 Zitronen
1 Avocado
2 Orangen

Gemüse
300 g bunte
    Cocktailtomaten
125 g Feldsalat
2 grüne Zucchini
2 rote Chilischoten
1 Kopf Blumenkohl
2 Karotten
1 Stange Lauch
300 g Kartoffeln,
    festkochend
1 kleine und
    1 mittelgroße Zwiebel

Kräuter
1 Bund Rosmarin
1 Bund Petersilie, glatt
1 Bund Dill

Kühlprodukte
1 Becher Ricotta (250 g)
2 Becher süße Sahne
    (à 200 g)
250 g Emmentaler
6 Eier
200 g Parmesan

Fleisch/Fisch
300 g Lammfleisch,
    gehackt
300 g Hühnerfilet
300 g Hühnerfilet,
    gehackt
2 Lachsfilets (à 200 g)

Sonstiges
1 Packung Trockenhefe
1 Dose Kichererbsen
    (400 g)
1 kleines Glas Rote
    Bete (etwa 300 g)
1 Packung Tortilla–
    Wraps (6 Stück)

Das solltest du zu Hause haben:

Butter
Curry-Gewürz-
    mischung
Gemüsebrühe
Harissa-Gewürz-
    mischung
Jasmin-Reis
Knoblauch
Maisstärke
Meersalz, grob
Muskatnuss, gemahlen
Olivenöl
Pfeffer, schwarz
Salz
Sesamsamen
Sonnenblumenöl
Tomatenmark
Balsamico, weiß
Weizenmehl,
    Type 405
Worcestersauce
Zucker, braun

Die

WARME
MAHLZEIT

im Sommer

FOCACCIA MIT BUNTEN TOMATEN

Dauer: 60 Minuten
Zutaten für 2 Personen:

250 g Weizenmehl,
  Type 405
1 Packung Trockenhefe
4 EL Olivenöl
300 g bunte Cocktailtomaten
½ Bund Rosmarin
grobes Meersalz
frisch gemahlener
  schwarzer Pfeffer

Für den Teig das Mehl in eine Schüssel geben. Die Hefe untermischen und unter ständigem Umrühren so viel warmes Wasser dazugeben, dass ein homogener, nicht klebriger Teig entsteht. Abgedeckt bei Zimmertemperatur 30 Minuten stehen lassen. Anschließend 2 EL Olivenöl unterkneten und den Teig zu kleinen, 2–3 cm dicken Fladen ausrollen. Auf ein mit Backpapier ausgelegtes Blech geben und den Backofen vorheizen (180 °C, Umluft).

Die Fladen mit den restlichen 2 EL Olivenöl auf der Oberseite einstreichen. Die Tomaten waschen, halbieren und in den Teig drücken. Rosmarin von den Zweigen zupfen und gemeinsam mit etwas grobem Meersalz über die Fladen streuen.

Die Fladen im Backofen auf der mittleren Schiene 15–18 Minuten backen, bis der Teig durch und die Focaccias an der Oberseite leicht angebräunt sind.

Die Focaccias noch frisch aus dem Ofen genießen und nach Belieben mit etwas Olivenöl, grobem Meersalz und Pfeffer verfeinern.

ORIENTAL WRAP MIT LAMMBÄLLCHEN

Dauer: 25 Minuten
Zutaten für 2 Personen:

300 g Lammfleisch, gehackt
3 EL Harissa-Gewürzmischung
Salz
frisch gemahlener
  schwarzer Pfeffer
5 EL Sonnenblumenöl
200 g Kichererbsen (Dose)
½ kleines Glas Rote Bete
1 Knoblauchzehe
1 Zitrone
2 EL Olivenöl
2 Tortilla-Wraps
⅓ Bund glatte Petersilie
125 g Feldsalat
Sesamsamen

Für die Lammbällchen das Lammfleisch mit der Harissa-Gewürzmischung, Salz und Pfeffer würzen und zu kleinen Bällchen formen. In einer beschichteten tiefen Pfanne das Sonnenblumenöl erhitzen und die Bällchen von allen Seiten gar braten. Anschließend zum Abfetten auf Küchenkrepp legen.

Für den pinken Hummus die Kichererbsen und die Rote Bete abtropfen und in einen Mixer geben. Die Knoblauchzehe abziehen und die Zitrone auspressen. Knoblauch und Zitronensaft mit in den Mixer geben und alles zu einer homogenen Masse mixen. Olivenöl dazugießen und nochmals gut mixen. Mit Salz und Pfeffer abschmecken.

Die Tortillas auslegen und den Hummus darauf verstreichen. Die Petersilie waschen und die Blätter vom Stängel zupfen. Den Feldsalat waschen, putzen und zusammen mit der Petersilie auf den Hummus geben. Die fertigen Lammbällchen obenauf setzen und mit Sesamsamen bestreuen. Die Tortillas zu Wraps einrollen.

Die Wraps auf zwei Tellern anrichten. Wer noch etwas Hummus oder Rote Bete übrig hat, kann beides dazu servieren.

ÜBERBACKENE WRAPS MIT ZUCCHINI UND AVOCADO

Dauer: 35 Minuten
Zutaten für 2 Personen:

2 grüne Zucchini
1 Avocado
1 Zitrone
250 g Ricotta
1–2 rote Chilischoten
Salz
frisch gemahlener
  schwarzer Pfeffer
4 Tortilla-Wraps
100 g süße Sahne
2 Eier
250 g Emmentaler

Die Zucchini waschen, grob würfeln und in einen Mixer geben. Die Avocado halbieren, entkernen, das Fruchtfleisch aus der Schale lösen und ebenfalls in den Mixer geben. Den Saft der Zitrone auspressen und zusammen mit dem Ricotta und den Chilischoten dazugeben. Alles zu einer cremigen Masse verarbeiten. Mit Salz und Pfeffer abschmecken.

Die Tortillas auslegen und mit der Masse bestreichen, dann eng zu Wraps einrollen und in eine ofenfeste Auflaufform geben.

Sahne und Eier verquirlen und über die Wraps gießen. Den Emmentaler reiben und ebenfalls über die Wraps streuen.

Im vorgeheizten Backofen (180 °C, Umluft) 20 Minuten backen. Anschließend herausnehmen und vor dem Essen noch 10 Minuten abkühlen lassen.

Je zwei Wraps auf zwei Teller geben und servieren.

HÜHNCHEN SÜSS-SAUER MIT ROSA REIS

Dauer: 35 Minuten
Zutaten für 2 Personen:

300 g Hühnerfilet
1 kleine Zwiebel
2 Orangen
100 g Zucker, braun
2 EL Maisstärke
2 EL Worcestersauce
1 EL Tomatenmark
Salz
frisch gemahlener
  schwarzer Pfeffer
200 g Jasmin-Reis
1 EL Sonnenblumenöl
½ kleines Glas Rote Bete

Tipp:

Dazu passen die
Chutneys von Seite 95
und 183.

Das Hühnerfilet in 2 x 2 cm große Würfel schneiden. Die Zwiebel abziehen und fein hacken.

Die zwei Orangen auspressen und den Orangensaft in einem Topf gemeinsam mit dem Zucker erhitzen, bis sich der Zucker aufgelöst hat. 2 EL des heißen Suds in einer Tasse mit der Maisstärke verquirlen und anschließend in den Sud einrühren. Vom Herd nehmen und Worcestersauce, Tomatenmark und die Zwiebel untermischen. Mit Salz und Pfeffer würzen. Das gewürfelte Hühnchen in der Marinade einlegen und im Kühlschrank 15 Minuten ziehen lassen.

Währenddessen in einem Topf den Reis mit 1 ½ Tassen Wasser mischen, einmal aufkochen und bei niedriger Temperatur mit geschlossenem Deckel so lange köcheln lassen, bis der Reis gar ist.

In einer beschichteten Pfanne das Sonnenblumenöl erhitzen. Das Hühnchen mit der Marinade scharf anbraten, dann die Temperatur reduzieren und das Hühnchen so lange weiterbraten, bis es gar ist.

Die Rote Bete abgießen, im Mixer pürieren und unter den Reis heben.

Das Hühnchen süß-sauer gemeinsam mit dem rosa Reis auf zwei Teller verteilen und servieren.

CHICKEN MEAT BALLS MIT BLUMENKOHL UND HUMMUS

Dauer: 40 Minuten
Zutaten für 2 Personen:

⅔ Bund glatte Petersilie
1 Ei
1 EL Harissa-Gewürzmischung
300 g Hühnerfilet, gehackt
Salz
frisch gemahlener
  schwarzer Pfeffer
1 EL Sonnenblumenöl
½ Kopf Blumenkohl
200 g Kichererbsen (Dose)
1 Knoblauchzehe
1 Zitrone
2 EL Olivenöl
200 g Parmesan

Für die Chicken Meat Balls die Petersilie waschen, sehr fein hacken und gemeinsam mit dem Ei und der Harissa-Gewürzmischung unter das gehackte Hühnerfilet mischen. Mit Salz und Pfeffer würzen. In einer beschichteten Pfanne das Sonnenblumenöl erhitzen, aus dem Hühnerfleisch kleine Bällchen formen und diese in der Pfanne von allen Seiten anbraten.

Währenddessen den Blumenkohl waschen, den Strunk entfernen und den Kopf in kleine Röschen teilen.

Für den Hummus die Kichererbsen abtropfen, die Knoblauchzehe abziehen und die Zitrone auspressen. Kichererbsen, Knoblauch und Zitronensaft gemeinsam mit dem Olivenöl im Mixer zu einer feinen Paste verarbeiten. Mit Salz und Pfeffer abschmecken.

Den Parmesan reiben. In einer ofenfesten Pfanne den Hummus verteilen. Die Chicken Meat Balls und die Blumenkohlröschen daraufgeben und mit dem Käse bestreuen. Im vorgeheizten Backofen (200 °C, Umluft) 30 Minuten backen.

Die Meat Balls aus dem Backofen nehmen und in der Pfanne servieren. Nach Belieben frische Zitrone, Hummus oder körnigen Frischkäse dazu reichen.

Tipp:

Hummus könnt ihr auch gut in größeren Mengen zubereiten und ein paar Tage lang im Kühlschrank lagern.

KALT GEKOCHTER LACHS MIT STAMPFKARTOFFELN UND WEICHEM EI

Dauer: 60 Minuten
Zutaten für 2 Personen:

3 EL Butter
2 Karotten
1 Stange Lauch
1 Bund Dill
Salz
frisch gemahlener
  schwarzer Pfeffer
5 EL Balsamico, weiß
2 Lachsfilets (à 200 g)
300 g festkochende Kartoffeln
100 g süße Sahne
1 Prise gemahlene Muskatnuss
3 Eier

Tipp:

So machen es die Schweden!
Auf Schwedisch heißt das
Gericht „Kall inkokt lax".
Die Zubereitungsweise ist
angelehnt an die Niedrig-
temperatur-Garmethode.

Die Butter schon vorab aus dem Kühlschrank nehmen, sodass sie sich auf Zimmertemperatur erwärmt.

Karotten und Lauch waschen, putzen und grob würfeln beziehungsweise in Ringe schneiden. Dill grob hacken. 1,5 l Wasser zum Kochen bringen. Karotten, Lauch, Dill, Salz, Pfeffer und Essig hineingeben und alles einmal aufkochen. Vom Herd nehmen und 2 Minuten abkühlen lassen.

Die Lachsfilets in eine Auflaufform mit hohem Rand legen und mit dem Gemüse und der Flüssigkeit über-gießen. Sofort mit Frischhaltefolie abdecken und 40 Minuten stehen lassen. In dieser Zeit gart der Lachs langsam durch.

Währenddessen die Kartoffeln schälen, grob würfeln und in ausreichend Salzwasser gar kochen. Abgießen und noch heiß in einer Schüssel mit der Butter und der Sahne stampfen. Mit Muskat, Salz und Pfeffer abschmecken.

Die Eier in 4–5 Minuten wachsweich kochen. Den gegarten Lachs gemeinsam mit den Stampfkartoffeln und den halbierten weichen Eiern sowie nach Belieben mit etwas Dill servieren.

RESTEKÜCHE DER WOCHE: CURRY-BLUMENKOHL-SUPPE

Dauer: 25 Minuten
Zutaten für 2 Personen:

½ Kopf Blumenkohl
1 mittelgroße Zwiebel
2 EL Butter
300 ml Gemüsebrühe
200 g süße Sahne
Salz
frisch gemahlener
   schwarzer Pfeffer
1 Prise gemahlene Muskatnuss
2 EL Curry-Gewürzmischung
½ Bund Rosmarin

Den Blumenkohl waschen, den Strunk entfernen und den halben Kopf in kleine Röschen teilen. Die Zwiebel abziehen und fein hacken. Die Butter in einem Topf erhitzen und die Zwiebel darin anschwitzen. Blumenkohlröschen dazugeben und 5 Minuten mit anbraten. Anschließend mit Gemüsebrühe ablöschen, mit Sahne aufgießen und mit Salz, Pfeffer und Muskat würzen. Die Temperatur reduzieren und 15 Minuten beziehungsweise so lange kochen, bis der Blumenkohl schön weich ist. Curry unterrühren und, falls nötig, nochmals mit Salz und Pfeffer abschmecken. Die Suppe anschließend flüssig pürieren.

Die Suppe auf zwei Schüsseln verteilen. Den Rosmarin von den Zweigen zupfen und die Suppe damit bestreuen. Nach Belieben noch etwas Joghurt und Brotcroûtons in die Suppe geben oder etwas Thymian darüberstreuen.

Das
FRÜHSTÜCK
im Sommer

GREEN QUESADILLAS MIT THAI-KRÄUTERN

Dauer: 12 Minuten
Zutaten für 2 Personen:

1 Avocado
1 Mozzarella
½ Bund Koriander
½ Bund Thai-Basilikum
4 Tortilla-Wraps
2 Eier
4 Scheiben Frühstücksspeck
Salz
frisch gemahlener
  schwarzer Pfeffer

Die Avocado halbieren und entkernen. Das Fruchtfleisch aus der Schale lösen und würfeln. Den Mozzarella grob in Stücke zerteilen, den Koriander und Thai-Basilikum von den Stängeln zupfen und hacken.

Eine beschichtete Pfanne erhitzen und eine Tortilla hineinlegen. Ein Ei verquirlen und auf die Tortilla gießen. Zwei Scheiben Frühstücksspeck, je die Hälfte der Avocado, des Mozzarellas sowie der gehackten Kräuter darauf verteilen. Mit Salz und Pfeffer würzen, mit einer zweiten Tortilla abdecken und 2 Minuten garen. Dann vorsichtig wenden und weitere 3 Minuten garen, bis das Ei gestockt ist. Aus der Pfanne nehmen und auf einem Teller beiseitestellen.

Die zweite Portion genauso zubereiten. Im Anschluss beide Quesadillas vierteln und genießen.

SMOOTHIES:
TOMATOE VS. WATERMELON

Dauer je Smoothie: 5 Minuten
Zutaten für je 2 Personen:

Tomaten-Smoothie

1 Stange Sellerie
500 g passierte Tomaten
2 EL Olivenöl
1 EL Tabasco
Salz, frisch gemahlener
  schwarzer Pfeffer

Den Sellerie waschen, putzen und grob in Stücke schneiden. Dann alle Zutaten in den Mixer geben und zu einem gesunden Smoothie verarbeiten.

Wassermelonen-Smoothie

½ Wassermelone ohne Kerne
1 Zitrone
150 g Joghurt natur, 3,5 %
1 EL Ahornsirup

Das Fruchtfleisch der Wassermelone aus der Schale lösen und den Saft der Zitrone auspressen. Beides zusammen mit dem Joghurt und dem Ahornsirup in den Mixer geben und zu einem Smoothie vermischen.

Tipp:

Gebt noch einige Eiswürfel mit in den Mixer, wenn ihr die Smoothies gerne kalt trinkt.

FRISCHER FRÜHSTÜCKSSALAT MIT KAROTTEN UND ANANAS

Dauer: 15 Minuten
Zutaten für 2 Personen:

4 Karotten
½ Ananas
1 Nektarine
3 EL Rosinen
200 g griechischer
  Joghurt, 10 %
1 Zitrone
2 EL Ahornsirup
Salz
frisch gemahlener
  schwarzer Pfeffer

Die Karotten waschen, putzen und in feine Stifte hobeln. Das Fruchtfleisch der Ananas und der Nektarine aus der Schale lösen und fein würfeln. In einer Schüssel gemeinsam mit den Karotten, den Rosinen und dem Joghurt vermischen.

Den Saft der Zitrone auspressen und mit dem Ahornsirup in den Salat geben. Mit etwas Salz und Pfeffer abschmecken und gut vermischen.

Den Salat auf zwei Schüsselchen verteilt servieren.

PFIRSICH-MÜSLI-WRAP
MIT JOGHURT

Dauer: 10 Minuten
Zutaten für 2 Personen:

2 Pfirsiche
½ Bund Basilikum
50 g griechischer
  Joghurt, 10 %
100 g Frischkäse, Doppelrahmstufe
2 Tortilla-Wraps
50 g Müsli
2 EL Ahornsirup

Die Pfirsiche waschen, entkernen und fein würfeln. Die Basilikumblätter vom Stängel zupfen.

Joghurt und Frischkäse vermischen und auf die beiden Tortillas streichen. Gewürfelte Pfirsiche und Müsli darauf verteilen, mit je 1 EL Ahornsirup beträufeln sowie Basilikum darüberstreuen.

Die Tortillas eng zu zwei Wraps einrollen und mit einem scharfen Messer halbieren. Die Wraphälften auf einem großen Teller anrichten.

Das

EINKOCHEN

im Sommer

AUS VEGGIE WIRD FLEISCH: TOMATENSUGO EINKOCHEN

Dauer: 95 Minuten
Zutaten (ergibt
6 Einmachgläser à 200 ml):

1 kg Tomaten
2 Zwiebeln
2 Stangen Sellerie
4 Karotten
3 EL Olivenöl
2 EL Kapern
3 EL schwarze Oliven, ohne Stein
250 ml Rotwein
3 Zweige Thymian
2 Zweige Rosmarin
700 ml Gemüsebrühe
Salz
frisch gemahlener
  schwarzer Pfeffer

Tipp:

Aus diesem Sugo könnt ihr
auch Bolognese machen.
Hierzu einfach Rinder-
hackfleisch anbraten, den
fertigen Sugo untermischen
und kurz erhitzen.

Die Tomaten waschen und halbieren, Strunk und Kerngehäuse entfernen. Die Tomaten auf ein mit Backpapier ausgelegtes Backblech geben und im Ofen (180 °C, Umluft) 30 Minuten schmoren.

Zwiebeln abziehen, Sellerie und Karotten waschen und putzen und das Gemüse grob würfeln. In einem Topf Olivenöl erhitzen und die Zwiebeln anschwitzen. Karotten und Sellerie dazugeben und 5 Minuten anbraten. Geschmorte Tomaten, Kapern und Oliven dazugeben. Das Gemüse mit Rotwein ablöschen. Thymian und Rosmarin von den Zweigen zupfen und in den Topf geben. Mit der Gemüsebrühe aufgießen und 30 Minuten köcheln lassen. Das Gemüse schließlich pürieren und mit Salz und Pfeffer abschmecken.

Währenddessen die Einmachgläser samt Deckel mindestens 10 Minuten in heißem Wasser abkochen. Anschließend den fertigen Sugo sofort in die Gläser abfüllen und diese gut verschließen. Dabei darauf achten, dass Deckel und Rand der Gläser sauber sind. Einen Einmachtopf mit Gitter am Boden auf den Herd stellen und die befüllten Gläser hineingeben. Den Topf mit so viel Wasser befüllen, dass das oberste Glas zu zwei Dritteln bedeckt ist. Wasser erhitzen und mindestens 30 Minuten kochen. Die Gläser herausnehmen und abkühlen lassen.

Der Sugo ist bei dunkler Lagerung etwa 6 Monate haltbar.

MELONEN-MINZ-CHUTNEY

Dauer: 20 Minuten
Zutaten (ergibt
6 Einmachgläser à 200 ml):

1 Zuckermelone
1 Bund Minze
1 Zitrone
500 g Gelierzucker 2:1
400 ml Orangensaft

Die Melone halbieren und entkernen. Das Fruchtfleisch aus der Schale lösen und sehr fein würfeln. Die Minzeblätter von den Stängeln zupfen, sehr fein hacken und mit der Melone vermischen. Den Saft der Zitrone auspressen und über die Melone träufeln.

Einen Topf auf den Herd geben und die Melonen-Mischung gemeinsam mit dem Zucker erhitzen. Orangensaft dazugeben und bei niedriger Temperatur 10 Minuten köcheln lassen.

Währenddessen die Einmachgläser sowie deren Deckel mindestens 10 Minuten in heißem Wasser abkochen. Anschließend das Chutney sofort in die Gläser abfüllen und diese mit den Deckeln gut verschließen. Dabei darauf achten, dass Deckel und Rand der Gläser sauber sind. Die Gläser für 5 Minuten auf den Kopf stellen, dann umdrehen und auskühlen lassen.

Das Melonen-Minz-Chutney ist bei dunkler Lagerung etwa 8 Monate haltbar.

KONFITÜREN EINKOCHEN: TOLLE SOMMERKOMBINATIONEN

Bananen-Basilikum-Konfitüre

1 kg Bananen
2 Bund Basilikum
1 kg Gelierzucker 1:1

Die Bananen schälen und würfeln. Die Basilikumblätter von den Stängeln zupfen und fein hacken. In einem Topf Bananen, Basilikum und Gelierzucker erhitzen. Einmal aufkochen, die Temperatur reduzieren und 12 Minuten einkochen lassen.

Währenddessen die Einmachgläser samt Deckel 10 Minuten in heißem Wasser abkochen. Die Konfitüre sofort abfüllen und die Gläser gut verschließen. Dabei darauf achten, dass Deckel und Rand der Gläser sauber sind. Die Gläser für 5 Minuten auf den Kopf stellen, dann umdrehen und auskühlen lassen.

Blaubeere-Minze-Konfitüre

1 kg Blaubeeren
1 Bund Minze
1 kg Gelierzucker 1:1

Die Blaubeeren waschen. Die Minzeblätter von den Stängeln zupfen und fein hacken. In einem Topf Beeren, Minze und Gelierzucker erhitzen. Einmal aufkochen, die Temperatur reduzieren und 12 Minuten einkochen lassen.

Währenddessen die Einmachgläser samt Deckel 10 Minuten in heißem Wasser abkochen. Die Konfitüre sofort abfüllen und die Gläser gut verschließen. Dabei darauf achten, dass Deckel und Rand der Gläser sauber sind. Die Gläser 5 Minuten auf den Kopf stellen, dann umdrehen und auskühlen lassen.

Dauer je Konfitüre: 20 Minuten
Zutaten (ergibt 6 Einmachgläser à 200 ml):

Kiwi-Limetten-Konfitüre

1 kg Kiwis
3 Limetten
1 kg Gelierzucker 1:1

Die Kiwis schälen und grob würfeln. Die Limetten auspressen. In einem Topf Kiwis, Limettensaft und Gelierzucker erhitzen. Einmal aufkochen, die Temperatur reduzieren und 12 Minuten einkochen lassen.

Währenddessen die Einmachgläser samt Deckel 10 Minuten in heißem Wasser abkochen. Die Konfitüre sofort abfüllen und die Gläser gut verschließen. Dabei darauf achten, dass Deckel und Rand der Gläser sauber sind. Die Gläser für 5 Minuten auf den Kopf stellen, dann umdrehen und auskühlen lassen.

Pflaumen-Thymian-Konfitüre

1 kg Pflaumen
1 Bund Thymian
1 kg Gelierzucker 1:1

Die Pflaumen waschen, schälen, entsteinen und grob würfeln. Den Thymian von den Stängeln zupfen. In einem Topf Pflaumen, Thymian und Gelierzucker erhitzen. Einmal aufkochen, die Temperatur reduzieren und 12 Minuten einkochen lassen.

Währenddessen die Einmachgläser samt Deckel 10 Minuten in heißem Wasser abkochen. Die Konfitüre sofort abfüllen und die Gläser gut verschließen. Dabei darauf achten, dass Deckel und Rand der Gläser sauber sind. Die Gläser für 5 Minuten auf den Kopf stellen, dann umdrehen und auskühlen lassen.

Tipp:

Dunkel gelagert sind die Konfitüren etwa 8 Monate haltbar.

So bleibt Obst & Gemüse

LANGE FRISCH!

Gerade im Sommer gibt es ein farbenfrohes Angebot an Obst und Gemüse. Oft kauft man am Markt doch mehr, als man braucht, oder erntet im eigenen Garten viel zu viel. Wenn man vermeiden möchte, dass Obst und Gemüse schnell verderben, ist ein wichtiger Aspekt ihre richtige Lagerung!

Was kommt eigentlich in den Kühlschrank und welche Lebensmittel sollten auf keinen Fall da rein?

Die Faustregel besagt, dass alle Produkte, die in warmen Regionen und Temperaturen wachsen, zum Beispiel Bananen, Mangos, Ananas oder Papayas, im Kühlschrank nichts zu suchen haben. Aber auch Gemüse mit einem hohen Wasseranteil wie Gurken, Tomaten oder Paprikas gehören definitiv nicht in die Kälte. Diese Produkte lagert ihr am besten bei Zimmertemperatur im Dunkeln. Anderes Gemüse und Obst kann in den Kühlschrank, dort aber am besten ins Gemüsefach. Dort bleibt es frisch, ist jedoch keiner zu großen Kälte ausgesetzt.

Generell solltet ihr im Kühlschrank Ordnung halten. Dadurch rutschen

Lebensmittel im Chaos nicht nach hinten und geraten in Vergessenheit, bis man sie irgendwann verdorben wiederfindet und wegwerfen muss. Somit gilt: Ordnung plus richtige Lagerung = lange Haltbarkeit.

Gerade für unsere Wochenplan-Küche ist es natürlich genial, wenn man weiß, wie man Lebensmittel auch über mehrere Tage im Kühlschrank perfekt lagert, denn wir kaufen ja im Voraus für eine ganze Woche ein. Zur Lagerung unserer Lebensmittel greifen wir am liebsten auf die „Klimakönig"-Behälter der Marke Tupperware zurück. Mittels eines kleinen Schiebers am Deckel können die im Behältnis gelagerten Produkte mit etwas Luft versorgt werden. Diese wird benötigt, um die Lebensmittel möglichst lange frisch zu halten. Die Rillen im Boden stellen sicher, dass Obst und Gemüse nicht im eigenen Kondenswasser liegen. Obendrein helfen sie auch beim Stapeln, sodass man die Boxen optimal aufeinanderstellen kann. Hat man keine Gemüseschublade oder ist diese schon voll, können die Behälter die Schublade sogar ersetzen. Natürlich sind die Boxen spülmaschinenfest, und nachdem es die „Klimakönige" in unterschiedlichen Größen gibt, findet sich je nach Gemüse oder Obst immer die richtige Größe – in den größten „Klimakönig" passt sogar ein ganzer Salatkopf!

Natürlich könnt ihr aber auch Produkte anderer Hersteller verwenden.

HERBST

Der Saisonkalender

SEPTEMBER—
NOVEMBER

Obst

Apfel
Birne
Feige
Nüsse
Quitte
Traube
Zwetschge

Gemüse

Aubergine
Chicorée
Kartoffel
Kohl
Kürbis
Lauch
Marone
Pastinake
Pfefferoni
Quitte
Rettich
Rote Bete
Sellerie
Süßkartoffel
Wirsing
Zwiebel

Die Einkaufsliste für die ganze Woche

Das musst du einkaufen:

Obst
2 Birnen
4 Feigen
2 kleine Äpfel
2 Orangen

Gemüse
1 Aubergine
1 kleiner Hokkaido-
   Kürbis
2 kleine und 2 mittel-
   große Zwiebeln

Kräuter
2 Bund Thymian
1 Bund Oregano
1 Stück Ingwer (2 cm)

Kühlprodukte
1 Burrata
1 Packung Feta (150 g)
1 Becher Frischkäse
   (200 g), Doppel-
   rahmstufe

1 Becher süße
   Sahne (200 g)
1 Packung
   frische Gnocchi
   (etwa 300 g)
200 g Emmentaler

Fleisch/Fisch
200 g Rinder-
   hackfleisch
4 Scheiben
   Frühstücksspeck

Sonstiges
1 kleine Packung
   Studentenfutter
1 Packung passierte
   Tomaten (500 g)
1 kleines Glas Rote
   Bete (etwa 300 g)
1 Packung vorgegarte
   Maronen
4 Hot-Dog-Brötchen

Das solltest du zu Hause haben:

Aceto balsamico
Gemüsebrühe
Harissa-Gewürz-
   mischung
Honig
Olivenöl
Paprika, edelsüß,
   gemahlen
Pfeffer, schwarz
Salz
Sonnenblumenöl
Tomatenmark

Das

MITTAGESSEN FÜRS BÜRO

im Herbst

CREMIGE BURRATA MIT BIRNEN, FEIGEN UND NÜSSEN

Dauer: 5 Minuten
Zutaten für 2 Personen:

1 Burrata
2 Birnen
4 Feigen
1 kleine Packung
   Studentenfutter
4 EL Honig

Die Burrata halbieren und auf zwei Schüsseln aufteilen. Die Birnen waschen, entkernen und würfeln. Die Feigen waschen und vierteln. Birnen und Feigen auf die Burrata geben und mit dem Studentenfutter bestreuen.

Vor dem Servieren mit je 2 EL Honig beträufeln.

Tipp:

Im Herbst kann man dieses Gericht auch wunderbar variieren und zum Beispiel statt mit Birnen und Feigen mit geröstetem Kürbis sowie mit Pinienkernen zubereiten.

SLOPPY JOE: SCHNELLER HOT DOG

Dauer: 15 Minuten
Zutaten für 2 Personen:

1 mittelgroße Zwiebel
2 EL Sonnenblumenöl
200 g Rinderhackfleisch
½ Bund Oregano
2 EL Paprika, edelsüß,
  gemahlen
2 EL Tomatenmark
200 g passierte Tomaten
Salz
frisch gemahlener
  schwarzer Pfeffer
200 g Emmentaler
4 Hot-Dog-Brötchen

Die Zwiebel abziehen, fein hacken und in einer Pfanne in erhitztem Sonnenblumenöl anschwitzen. Das Hackfleisch dazugeben und 3 Minuten anbraten. Oregano von den Stängeln zupfen und zusammen mit Paprika, Tomatenmark und den passierten Tomaten mit in die Pfanne geben und auf mittlerer Temperatur 5 Minuten köcheln lassen. Das Hackfleisch schließlich mit Salz und Pfeffer abschmecken.

Den Emmentaler reiben. Die Hot-Dog-Brötchen einschneiden und aufgeklappt auf zwei ofenfeste Teller legen. Die Hackfleischmasse auf die Brötchen verteilen und den Emmentaler darüberstreuen. Am Backofen die Grillfunktion anschalten und die Hot Dogs auf der oberen Schiene für zwei Minuten überbacken.

Die Hot-Dog-Brötchen aus dem Ofen nehmen, auf zwei Teller geben und servieren.

Tipp:

Den Hackfleischsugo könnt ihr schon am Vorabend zubereiten. Im Büro müsst ihr die Brötchen dann nur noch belegen und überbacken.

3 x AUFS BROT: SAISONALE AUFSTRICHE

Zutaten für je 2 Personen:

Rote-Bete-Aufstrich
Dauer: 5 Minuten
1 kleines Glas Rote Bete
½ Bund Thymian
50 g Frischkäse, Doppelrahmstufe
2 EL Aceto balsamico
Salz, schwarzer Pfeffer
50 g Feta

Rote Bete abgießen und fein hacken. Den Thymian von den Zweigen zupfen. In einer Schüssel die Rote Bete mit Thymian, Frischkäse und Balsamico vermischen und mit Salz und Pfeffer abschmecken. Den Feta zerbröseln und darüberstreuen.

Maroni-Aufstrich
Dauer: 5 Minuten
1 Packung vorgegarte Maronen
½ Bund Oregano
75 g Frischkäse, Doppelrahmstufe
1 EL Honig
Salz, schwarzer Pfeffer

Maronen fein hacken. Die Oreganoblätter vom Stängel zupfen und ebenfalls fein hacken. In einer Schüssel die Maronen mit Oregano, Frischkäse und Honig vermischen und mit Salz und Pfeffer abschmecken.

Auberginen-Aufstrich
Dauer: 35 Minuten
1 Aubergine, 2 EL Olivenöl
100 g Feta
1 EL Harissa-Gewürzmischung
Salz, schwarzer Pfeffer

Aubergine halbieren und auf der Innenseite mit einem Messer einritzen. Jede Hälfte mit je 1 EL Olivenöl bestreichen und mit der offenen Seite nach oben auf ein Backblech geben. Im vorgeheizten Backofen (200 °C, Umluft) 30 Minuten schmoren. Währenddessen den Feta zerbröseln. Anschließend das Fleisch der Aubergine aus der Schale lösen und mit dem Feta vermengen. Mit Harissa, Salz und Pfeffer abschmecken.

INGWER-KÜRBISSUPPE

Dauer: 40 Minuten
Zutaten für 4 Personen:

1 kleiner Hokkaido-Kürbis
2 kleine Zwiebeln
1 Stück Ingwer (2 cm)
2 kleine Äpfel
2 EL Olivenöl
2 Orangen
250 ml Gemüsebrühe
200 g süße Sahne
Salz
frisch gemahlener
  schwarzer Pfeffer
1 Bund Thymian

Den Hokkaido heiß abwaschen, halbieren, entkernen und grob würfeln. Die Zwiebeln abziehen, den Ingwer schälen, die Äpfel vierteln und das Kerngehäuse entfernen und alles grob hacken.

In einem großen Topf das Olivenöl erhitzen und die Zwiebeln darin anschwitzen. Kürbis, Ingwer und Äpfel dazugeben und 5 Minuten anbraten. Den Saft der Orangen auspressen und gemeinsam mit der Gemüsebrühe in den Topf gießen. Für 30 Minuten köcheln lassen, bis der Kürbis weich ist. Die Sahne untermischen und die Suppe anschließend mit einem Pürierstab cremig pürieren. Mit Salz und Pfeffer abschmecken.

Die Suppe mit frischem Thymian bestreuen. Nach Belieben mit etwas Sahne garnieren sowie salzen und pfeffern und anschließend im Topf servieren.

Tipp:

Die Suppe könnt ihr schon am Vorabend zubereiten und im Büro für euch und eure Kolleginnen und Kollegen schnell aufwärmen.

GNOCCHI
MIT TOMATEN-SPECK-SAUCE

Dauer: 10 Minuten
Zutaten für 2 Personen:

1 Packung frische Gnocchi
  (etwa 300 g)
1 mittelgroße Zwiebel
2 EL Olivenöl
4 Scheiben Frühstücksspeck
300 g passierte Tomaten
½ Bund Thymian
75 g Frischkäse, Doppelrahmstufe
Salz
frisch gemahlener
  schwarzer Pfeffer

Die Gnocchi in kochendem Wasser 2 Minuten ziehen lassen beziehungsweise laut Packungsanleitung zubereiten, anschließend abgießen und beiseitestellen.

Die Zwiebel abziehen und fein hacken. Im bereits benutzten Topf Olivenöl erhitzen und die Zwiebeln darin anschwitzen. Speck dazugeben und 2 Minuten anbraten. Mit passierten Tomaten aufgießen und auf niedriger Temperatur 5 Minuten köcheln lassen. Inzwischen die Hälfte des Thymians von den Zweigen zupfen. Topf vom Herd nehmen und gezupften Thymian sowie Frischkäse unter die Tomatensauce mischen und diese mit Salz und Pfeffer abschmecken. Gnocchi dazugeben und gut mit der Sauce vermischen.

Die Gnocchi auf zwei tiefe Teller verteilen, nach Belieben noch einmal salzen und pfeffern und mit dem restlichen Thymian garnieren.

Die Einkaufsliste für die ganze Woche

Das musst du einkaufen:

Obst
5 Zitronen, davon
   2 unbehandelte
4 Quitten

Gemüse
2 Auberginen
2 rote Chilischoten
500 g Kartoffeln,
   festkochend
1 kleiner Kopf
   Blumenkohl
1 kleiner Kopf Weißkohl
5 Süßkartoffeln
2 Pastinaken
1 Stange Lauch
2 Chicorée
200 g Rosenkohl
1 Stück Ingwer (2 cm)
4 Karotten
450 g TK-Erbsen
2 Frühlingszwiebeln

Kräuter
2 Bund Petersilie, glatt
1 Bund Basilikum
2 Bund Salbei
1 Bund Thymian
1 Bund Minze

Kühlprodukte
1 Becher Joghurt natur, 3,5
   % (150 g)
1 Becher süße
   Sahne (200 g)
6 Eier
100 g Bergkäse

Fleisch
4 Lammkoteletts
300 g Rinderfilet
1 ganzes Huhn

Sonstiges
1 Packung
   Pinienkerne (50 g)

1 Packung
   Walnusskerne (150 g)
1 Packung Farfalle (500 g)
1 Packung Miso-Paste (20 g,
   erhältlich im Asialaden)
1 Packung Instant-
   Mie-Nudeln (250 g)
1 Flasche trockener
   Weißwein (750 ml)
1 Glas Sardellenfilets in Öl

Das solltest du zu Hause haben:

Butter
Butterschmalz
Gemüsebrühe
Kapern
Olivenöl
Pfeffer, schwarz
Salz
Semmelbrösel
Weizenmehl, Type 405

Die

WARME
MAHLZEIT

im Herbst

GESCHMORTE AUBERGINEN MIT LAMMKOTELETTS

Dauer: 45 Minuten
Zutaten für 2 Personen:

2 Auberginen
8 EL Olivenöl
1 Bund glatte Petersilie
1 Bund Basilikum
½ Bund Minze
1 rote Chilischote
Salz
frisch gemahlener
  schwarzer Pfeffer
2 EL Butterschmalz
4 Lammkoteletts

Die Auberginen waschen, halbieren und auf der Innenseite mehrfach mit einem Messer einritzen. Jede Hälfte mit je 1 EL Olivenöl bestreichen und mit der offenen Seite nach oben auf ein Backblech geben. Im vorgeheizten Backofen (200 °C, Umluft) 30 Minuten schmoren.

Währenddessen Petersilie, Basilikum, Minze, Chilischote und die restlichen 6 EL Olivenöl in einen Mixer geben zu einem Kräuterpesto verarbeiten. Mit Salz und Pfeffer abschmecken.

Das Schmalz in der Pfanne erhitzen und die Lammkoteletts darin von beiden Seiten einige Minuten bei hoher Temperatur anbraten.

Geröstete Auberginen auf einen Teller geben und das Pesto darauf verteilen. Die Lammkoteletts dazulegen und nach Belieben salzen und pfeffern.

Tipp:

Zu diesem Gericht schmecken auch Fladenbrot sowie Feigensenf wunderbar. Das Rezept für den Feigensenf findet ihr auf Seite 184.

ÜBERBACKENE GNOCCHI

Dauer: 45 Minuten
Zutaten für 2 Personen:

Für die Gnocchi

500 g festkochende Kartoffeln
100 g Weizenmehl, Type 405
2 Eier
Salz

Für den Auflauf

2 EL Olivenöl
3 Süßkartoffeln
100 g süße Sahne
50 g Pinienkerne
Salz
frisch gemahlener
  schwarzer Pfeffer
100 g Bergkäse
1 Bund Salbei

Die Kartoffeln schälen. Wasser in einem Topf erhitzen und die Kartoffeln darin gar kochen. Abgießen, abschrecken und in einer Schüssel mit einem Kartoffelstampfer zerdrücken (nicht pürieren, da sich sonst eine zu klebrige Masse ergibt.) Mehl, Eier und eine Prise Salz dazugeben und alles vermengen. Sollte der Teig zu klebrig sein, noch eine kleine Menge Mehl hinzufügen. Rollen mit 1 cm Durchmesser formen, in 1 cm dicke Scheiben schneiden und mit der Daumenkuppe eindrücken, sodass die Gnocchi ihre typische Form erhalten. Die Gnocchi auf einem mit Mehl bestaubten Geschirrtuch zwischenlagern, sodass sie nicht aneinanderkleben. Erneut Wasser zum Kochen bringen, salzen und die Gnocchi garen, bis sie an die Oberfläche steigen. Die Gnocchi abschöpfen und beiseitestellen.

Den Backofen vorheizen (200 °C, Umluft). Olivenöl in eine Ofenform geben. Süßkartoffeln schälen, in 2 x 2 cm große Würfel schneiden und in der Form im Backofen 15 Minuten rösten. Sobald die Süßkartoffeln weich, jedoch noch nicht ganz gar sind, aus dem Ofen nehmen und die Gnocchi unter die Süßkartoffelwürfel heben. Sahne und die Hälfte der Pinienkerne dazugeben, salzen und pfeffern und nochmals vermengen. Den Bergkäse reiben und darüberstreuen. Die Gnocchi für 5 Minuten in den Ofen geben, bis sie goldbraun überbacken sind. Inzwischen den Salbei von den Zweigen zupfen, hacken, unter die fertigen Gnocchi heben sowie die restlichen Pinienkerne darüberstreuen.

Die Gnocchi in der Form servieren. Nach Belieben mit Kresse garnieren.

NUDELSALAT MIT ZWEIERLEI KOHL

Dauer: 30 Minuten
Zutaten für 2 Personen:

Salz
200 g Farfalle
200 g Rosenkohl
1 kleiner Kopf Blumenkohl
1 EL Butterschmalz
100 ml Weißwein
1 Stück Ingwer (2 cm)
1–2 Zitronen
1 ½ EL Olivenöl
1 Bund Thymian
frisch gemahlener
  schwarzer Pfeffer

Salzwasser in einem Topf zum Kochen bringen und die Pasta darin al dente kochen.

Währenddessen den Rosenkohl putzen und den Blumenkohl waschen, den Strunk entfernen und in kleine Röschen teilen. In einer Pfanne das Schmalz erhitzen. Den Rosenkohl bei mittlerer Temperatur darin anbraten. Blumenkohl dazugeben und mit Weißwein ablöschen. So lange garen, bis der Rosenkohl weich ist.

Den Ingwer schälen und fein hacken, die Zitrone(n) auspressen. Aus dem Ingwer, dem Zitronensaft, dem Olivenöl, der Hälfte des Thymians und 2 EL Wasser ein Dressing anrühren.

Die fertige Pasta abgießen, zurück in den noch warmen Topf geben, mit dem gebratenen Gemüse vermischen und dem Dressing anmachen. Mit Salz und Pfeffer abschmecken.

Den Nudelsalat in zwei Schüsselchen servieren, den restlichen Thymian darüberstreuen und noch mal kräftig pfeffern.

HERBSTSUPPE
MIT MISO UND MIE-NUDELN

Dauer: 25 Minuten
Zutaten für 2 Personen:

3 Eier
2 Süßkartoffeln
2 Pastinaken
1 Stange Lauch
20 g Miso-Paste
250 g Instant-Mie-Nudeln
1 Zitrone
Salz
frisch gemahlener
  schwarzer Pfeffer
300 g Rinderfilet
1 rote Chilischote
2 Frühlingszwiebeln

In einem kleinen Topf Wasser zum Kochen bringen und die Eier darin in 4 ½ Minuten wachsweich kochen. Die Eier herausnehmen und auskühlen lassen.

Die Süßkartoffeln und die Pastinaken schälen und würfeln. Den Lauch waschen, putzen und in Ringe schneiden. In einem großen Topf die Miso-Paste mit 600 ml Wasser zum Kochen bringen. Das Gemüse in den Sud geben und bei mittlerer Temperatur 10 Minuten leicht köcheln lassen. Anschließend die Mie-Nudeln dazugeben und erwärmen. Die Zitrone auspressen. Die Suppe mit Salz, Pfeffer und dem Zitronensaft abschmecken.

Das Rinderfilet in hauchdünne Scheiben schneiden. Die Eier schälen und halbieren. Die Chilischote fein hacken. Die Nudelsuppe mit Chili würzen und auf zwei Schüsseln aufteilen. Die Rindfleischscheiben und die halbierten Eier in der Schüssel drapieren.

Die Frühlingszwiebeln in feine Ringe schneiden, über die Suppe streuen und diese noch warm genießen.

PASTA MIT BUTTERBRÖSEL-KOHL, SARDELLEN UND CHICORÉE

Dauer: 30 Minuten
Zutaten für 2 Personen:

Salz
1 kleiner Kopf Weißkohl
300 g Farfalle
2 Chicorée
1 Glas Sardellenfilets in Öl
3 EL Butter
50 g Semmelbrösel
100 ml Weißwein
100 g süße Sahne
frisch gemahlener
  schwarzer Pfeffer
150 g Walnusskerne

In einem großen Topf Salzwasser zum Kochen bringen. Den Kohl waschen, den Strunk entfernen und grob hacken. Im kochenden Wasser 1 Minute blanchieren. Kohl abschöpfen und in kaltem Wasser abschrecken. Im noch kochenden Wasser nun die Nudeln al dente kochen.

Den Chicorée waschen, putzen und ebenfalls grob hacken. Die Sardellen abtropfen. In einer Pfanne die Butter erhitzen. Blanchierten Kohl und Semmelbrösel hineingeben und kurz anschwitzen. Den Chicorée und die Sardellen untermischen. Mit Weißwein ablöschen, anschließend mit Sahne aufgießen, einmal kurz aufkochen und 2–3 Minuten köcheln lassen. Mit Salz und Pfeffer abschmecken.

Die fertige Pasta abgießen und mit dem Gemüse vermischen, auf zwei Schüsseln verteilen und mit den Walnüssen garnieren.

HÜHNCHEN MIT GESCHMORTEN QUITTEN, ZITRONE UND SALBEI

Dauer: 60 Minuten
Zutaten für 2 Personen:

4 Quitten
350 ml trockener
  Weißwein
½ TL Salz
frisch gemahlener
  schwarzer Pfeffer
1 ganzes Huhn
1 unbehandelte Zitrone
1 Bund Salbei
150 g Joghurt natur, 3,5 %
½ Bund Minze

Die Quitten waschen, schälen, in Schnitze schneiden und entkernen. Gemeinsam mit dem Weißwein, dem Salz sowie etwas Pfeffer in eine Auflaufform geben. Das Huhn in seine einzelnen Teile wie Filets, Flügel und Keulen zerteilen und zu den Quitten geben. (Die Filets brauchen wir erst am nächsten Tag, schmoren sie aber schon mit.) Die Zitrone in Scheiben schneiden, die Salbeiblätter von den Stängeln zupfen und beides auf dem Huhn verteilen. 45 Minuten im vorgeheizten Backofen (180 °C, Umluft) schmoren.

Das Hühnchen, mit Ausnahme der Filets, auf zwei Tellern mit je der Hälfte des Joghurts anrichten. Die geschmorten Quitten dazugeben. Die Minzeblätter von den Stängeln zupfen und das Hühnchen und die Quitten damit garnieren.

Tipp:

Lagert die übrig gebliebenen Hühnchenfilets gut abgedeckt im Kühlschrank und verwendet sie am nächsten Tag für die Zubereitung des Frikassees mit Hühnchen, Karotten und Erbsen (siehe rechte Seite).

FRIKASSEE MIT HÜHNCHEN, KAROTTEN UND ERBSEN

Dauer: 20 Minuten
Zutaten für 2 Personen:

4 EL Butter
40 g Weizenmehl, Type 405
200 ml trockener Weißwein
600 ml Gemüsebrühe
1 unbehandelte Zitrone
Salz
frisch gemahlener
  schwarzer Pfeffer
4 Karotten
450 g TK-Erbsen
restliche gegarte Hühnchenfilets
  vom Vortag
2 EL Kapern
1 Ei
1 Bund glatte Petersilie

Butter in einem Topf bei mittlerer Temperatur schmelzen lassen, das Mehl nach und nach hinzugeben und unter ständigem Rühren mit einem Schneebesen goldgelb anschwitzen. Mit Weißwein ablöschen, Gemüsebrühe dazugießen und unter weiterem Rühren aufkochen lassen. Die Zitrone auspressen und den Sud mit Zitronensaft, Salz und Pfeffer abschmecken.

Die Karotten, putzen, fein würfeln, gemeinsam mit den Erbsen in den Topf geben und alles bei mittlerer Temperatur 2 Minuten köcheln lassen. Die Hühnchenfilets grob zerteilen und hinzugeben. Kapern abtropfen und ebenfalls einrühren. Erneut mit Salz und Pfeffer abschmecken.

Das Ei trennen. Das Eigelb mit 3 EL der Brühe aus dem Topf in einer Tasse mit einem Schneebesen verquirlen, dann unter das Frikassee rühren. Die Petersilie hacken, das Frikassee auf zwei Teller verteilen und mit der Petersilie garnieren.

Das

FRÜHSTÜCK

im Herbst

PANCAKES MIT BESCHWIPSTEN ÄPFELN

Dauer: 30 Minuten
Zutaten für 2 Personen:

4 Äpfel
150 ml Campari
2 EL Maisstärke
3 Eier
200 g Weizenmehl,
  Type 405
200 ml Mineralwasser
4 EL Puderzucker
5–6 EL Butter

Die Äpfel waschen, vierteln, entkernen und klein würfeln. In einem Topf 200 ml Wasser und den Campari erhitzen und die Äpfel hineingeben. Einmal aufkochen, die Temperatur reduzieren und 10 Minuten köcheln lassen. 2 EL aus dem Sud entnehmen und in einer kleinen Schüssel mit der Maisstärke vermischen, anschließend die Mischung wieder in den Topf geben und den Sud 5 Minuten weiterköcheln lassen, bis er eindickt. Die Äpfel vom Herd nehmen.

Eier, Mehl, Mineralwasser und Puderzucker mit einem Schneebesen oder Rührgerät glatt rühren. Butter in einer beschichteten Pfanne erhitzen und nach und nach aus dem Teig etwa zehn kleine Pancakes backen.

Die fertigen Pancakes gemeinsam mit den beschwipsten Campari-Äpfeln servieren. Nach Belieben mit Puderzucker bestauben.

OMELETTE-MUFFINS MIT BERGKÄSE

Dauer: 15 Minuten
Zutaten für 8 Muffins:

8 Scheiben Frühstücksspeck
1 Stange Lauch
1 rote Paprika
4 Eier
30 ml Milch
Salz
frisch gemahlener
  schwarzer Pfeffer
200 g geriebener Bergkäse
etwas Schnittlauch
2 EL Joghurt natur, 3,5 %

Eine Muffinform bereitstellen und jeweils eine Scheibe Speck in die Mulden geben und entlang der Muldenwand einrollen.

Den Lauch waschen, putzen und in dünne Ringe schneiden. Die Paprika waschen, putzen und fein hacken. In einer Schüssel den Lauch, die Paprika, die Eier und die Milch zu einer Masse verrühren und diese mit Salz und Pfeffer würzen. Die Masse in die Mulden der Muffinform gießen. Den Bergkäse reiben und die Muffins damit bestreuen. Im vorgeheizten Backofen (160 °C, Umluft) etwa 10 Minuten backen, bis das Ei gestockt ist.

Den Schnittlauch in kleine Röllchen schneiden. Die Muffins auf Teller verteilen und mit je 1 EL Joghurt und Schnittlauch garnieren.

Tipp:

Sollten Muffins übrig bleiben, sind diese im Kühlschrank bis zu 2 Tage haltbar.

QUITTEN-BROT-AUFLAUF

Dauer: 30 Minuten
Zutaten für 8 Muffins:

3 Handvoll übrig gebliebene
   Backwaren, zum Beispiel
   Croissants oder Weißbrot
2 Quitten
200 ml Milch
2 Eier
2 EL Zimt
2 EL Zucker
Puderzucker

Das Gebäck mit den Fingern in Stücke teilen und in eine ofenfeste Auflaufform geben. Die Quitten heiß waschen, schälen, vierteln, entkernen und in Würfel schneiden. Unter das Brot mischen. Milch, Eier, Zimt und Zucker verquirlen und ebenfalls in die Form gießen. Im vorgeheizten Backofen (180 °C, Umluft) etwa 20 Minuten backen.

Vor dem Servieren den Auflauf mit Puderzucker bestauben.

Tipp:

Dieser Auflauf ist perfekt, wenn ihr noch ältere Back-waren zu Hause habt, die ihr verwerten möchtet.

ÇILBIR
(TÜRKISCHE EIER)

Dauer: 10 Minuten
Zutaten für 2 Personen:

½ Bund krause Petersilie
1 Bund Minze
1 Bund Koriander
1 rote Chilischote
150 ml Olivenöl
Salz
frisch gemahlener
  schwarzer Pfeffer
2 Eier
100 ml Milch
1 Limette
300 g Joghurt natur, 3,5 %

Die Petersilie, die Minzeblätter und den Koriander von den Stängeln zupfen. Gemeinsam mit der Chilischote sehr fein hacken und mit Olivenöl vermischen. Mit Salz und Pfeffer würzen.

Nun die Eier pochieren. Dazu eine tiefe Pfanne mit 300 ml Wasser und der Milch füllen und die Flüssigkeit erhitzen. Einmal aufkochen, die Temperatur reduzieren und die Eier vorsichtig hineinschlagen. 4 Minuten garen, bis das Eiweiß stockt. Die Flüssigkeit darf in dieser Zeit nicht mehr aufkochen. Mit einem Schaumlöffel die Eier vorsichtig abschöpfen.

Die Limette auspressen und den Limettensaft in einer Schüssel mit dem Joghurt verrühren.

Den Limettenjoghurt auf Schüsselchen verteilen, die pochierten Eier daraufsetzen und die gehackten Kräuter in Olivenöl dazugeben.

Nach Belieben mit Chiliringen garnieren und Fladenbrot zu den Eiern reichen.

Das

EINKOCHEN

im Herbst

KÜRBIS
SAUER EINGELEGT

Dauer: 25 Minuten
Zutaten (ergibt
3 Einmachgläser à 400 ml):

1 kleiner Hokkaido-Kürbis
Salz
400 ml Balsamico, weiß
300 ml Weißwein
60 g Zucker
3 TL schwarze
  Pfefferkörner
1 EL Wacholderbeeren
2 Lorbeerblätter

Den Kürbis waschen, halbieren, entkernen und in Würfel schneiden.

In einem großen Topf 3 Liter Salzwasser zum Kochen bringen und den Kürbis 10 Minuten kochen, bis er weich ist. Den Kürbis anschließend abschöpfen und unter kaltem Wasser abschrecken.

500 ml des Kochwassers im Topf behalten und Essig und Weißwein eingießen. Zucker darin auflösen, dann die Temperatur abdrehen. Pfefferkörner, Wacholderbeeren und Lorbeerblätter dazugeben.

Die Einmachgläser sowie deren Deckel mindestens 10 Minuten in heißem Wasser abkochen. Anschließend die Kürbiswürfel auf die Gläser verteilen und mit dem Sud aufgießen. Die Gläser mit den Deckeln gut verschließen. Dabei darauf achten, dass Deckel und Rand der Gläser sauber sind. Die Gläser für 5 Minuten auf den Kopf stellen, dann umdrehen und auskühlen lassen.

Der eingelegte Kürbis ist bei dunkler Lagerung etwa 6 Monate haltbar.

FENCHEL SAUER EINGELEGT

Dauer: 25 Minuten
Zutaten (ergibt
3 Einmachgläser à 400 ml):

4 Fenchelknollen
Salz
400 ml Balsamico, weiß
300 ml Weißwein
60 g Zucker
1–2 rote Chilischoten
3 TL schwarze Pfefferkörner
100 g Haselnusskerne, gehackt
1 TL Gewürznelken

Die Fenchelknollen waschen, putzen, halbieren und in Streifen schneiden.

In einem großen Topf 3 Liter Salzwasser zum Kochen bringen und den Fenchel 10 Minuten kochen, bis er weich ist. Den Fenchel anschließend abschöpfen und unter kaltem Wasser abschrecken.

500 ml des Kochwassers im Topf behalten und Essig und Weißwein eingießen. Zucker darin auflösen, dann die Temperatur abdrehen. Die Chilischote(n) hacken und zusammen mit den Pfefferkörnern, Haselnusskernen und Gewürznelken mit in den Topf geben.

Die Einmachgläser sowie deren Deckel mindestens 10 Minuten in heißem Wasser abkochen. Anschließend den Fenchel auf die Gläser verteilen und mit dem Sud aufgießen. Die Gläser mit den Deckeln gut verschließen. Dabei darauf achten, dass Deckel und Rand der Gläser sauber sind. Die Gläser für 5 Minuten auf den Kopf stellen, dann umdrehen und auskühlen lassen.

Der eingelegte Fenchel ist bei dunkler Lagerung etwa 6 Monate haltbar.

APFELMUS SELBST MACHEN

Dauer: 60 Minuten
Zutaten (ergibt
6 Einmachgläser à 200 ml):

1 kg Äpfel
1 Vanilleschote
30 g Zucker, braun
1 EL Zimt

Tipp:

Wenn ihr die Äpfel ersetzt, könnt ihr mit diesem Rezept wunderbar auch Zwetschgenmus oder Mus aus anderem Steinobst einkochen.

Die Äpfel waschen, vierteln, entkernen und grob würfeln. Die Vanilleschote aufschneiden und in zwei Hälften teilen.

In einem Topf 100 ml Wasser zum Kochen bringen. Die Temperatur reduzieren und die Äpfel, die Vanilleschote, den Zucker und den Zimt dazugeben. Einen Deckel auf den Topf setzen und die Äpfel 20 Minuten bei mittlerer Temperatur köcheln lassen. Anschließend die Vanilleschote aus dem Topf fischen und die Äpfel mit einem Pürierstab zu Mus verarbeiten.

Die Einmachgläser sowie deren Deckel mindestens 10 Minuten in heißem Wasser abkochen. Anschließend das Apfelmus sofort in die Gläser abfüllen und diese mit den Deckeln gut verschließen. Dabei darauf achten, dass Deckel und Rand der Gläser sauber sind. Einen Einmachtopf mit Gitter am Boden auf den Herd stellen und die befüllten Gläser hineingeben. Den Topf mit so viel Wasser befüllen, dass das oberste Glas zu zwei Dritteln mit Wasser bedeckt ist. Wasser erhitzen und mindestens 30 Minuten kochen. Anschließend die Gläser herausnehmen und abkühlen lassen.

Das eingekochte Apfelmus ist bei dunkler Lagerung etwa 6 Monate haltbar.

FRISCHKÄSE SELBST MACHEN

Dauer: 10 Minuten
Zutaten für je 2 Portionen:

2 Zitronen
2 l Milch
Salz
frisch gemahlener
  schwarzer Pfeffer

Tipp:

Den Frischkäse solltet
ihr kühl lagern und
innerhalb von 3 Tagen
aufbrauchen.

Die Zitronen auspressen. Milch in einen großen Topf
geben und so lange erhitzen, bis sie sehr heiß ist,
aber gerade noch nicht kocht. Den Herd ausschalten und unter ständigem Rühren den Zitronensaft
untermischen. Sobald die Milch beginnt zu flocken,
ein Geschirrtuch oder Passiersieb auf eine Schüssel
geben und die gestockte Milch hineingießen und
langsam durch das Tuch passieren. Die Flüssigkeit
beiseitestellen.

Im Tuch zurück bleibt der noch ungewürzte Frischkäse. Diesen mit Salz und Pfeffer abschmecken und
entweder pur genießen oder nach Lust und Laune
zum Beispiel mit gehacktem Schnittlauch und fein
geraspelten Radieschen aufpeppen.

BANANEN-MOLKE-SHAKE

Dauer: 5 Minuten
Zutaten (ergibt 4 Gläser):

übrig gebliebene Molke
2 reife Bananen
2 EL Ahornsirup

Die gewonnene Flüssigkeit aus der Frischkäseher-
stellung ist Molke, aus der sich schnell ein Shake
zaubern lässt.

Die Molke in einen Standmixer gießen. Die Bananen
schälen und zusammen mit dem Ahornsirup dazugeben
und zu einem Bananenshake verarbeiten.

Einkochen –
EIN THEMA FÜR ALLE JAHRESZEITEN!

*Wir persönlich lieben es,
Grundprodukte wie Frischkäse,
Konfitüren, Sugos und Co.
selbst herzustellen. Nicht nur
der „homemade"-Faktor
macht das Ganze zu etwas
Besonderem – nachhaltiger
und günstiger als im Laden
ist es zudem, wenn man gleich
große Mengen einkocht.*

In diesem Buch findet ihr zu jeder Saison ein Kapitel zum Thema Einkochen, in denen wir euch einige tolle und meist sehr schnelle Rezepte zeigen.

Die weitläufige Meinung ist ja, dass „Einkochen" oder „Einmachen" Herbsttätigkeiten sind. Dem ist nicht so, denn man kann das ganze Jahr über Produkte haltbar machen. Zu jeder Jahreszeit finden sich tolle Zutaten, die man nicht ganzjährig bekommt. Dann lohnt es sich, diese einzukochen und zu einer anderen Jahreszeit zu genießen! Nebst den Klassikern wie Zitronenmarmelade, Erdbeerkonfitüren und Co. denke ich da an selbst gemachte Tomatensugos, Pestos oder sauer eingelegtes Gemüse. Wer ein Gemüsebeet oder Obstbäume zu Hause hat, hat doppelt Glück. Wer kennt es nicht, dass man viel zu viele Tomaten erntet und eigentlich gar nicht mehr weiß, wohin damit? Macht was draus, bevor die Lebensmittel schlecht werden!

Kocht das Obst und Gemüse ein und füllt es je nach Anlass in verschiedenste Einmachgläser. Wichtigster Tipp ist hierbei, dass man die Produkte vor dem Abfüllen in irgendeiner Form erhitzen sollte, damit sie lange haltbar bleiben. Zum Verschenken eignen sich kleine, dekorative Gläschen. Für einen Zwei-Personen-Haushalt kann man sich passende Gläser besorgen (zum Beispiel 200-ml-Gläser) und somit die für sich perfekte Menge abfüllen, statt zu große Mengen im Supermarkt einzukaufen. Auch ist das Abfüllen in wiederverwendbare Gläser umweltschonend und nachhaltig. Glasverpackungen erhalten zudem den Geschmack der Produkte, ohne ihn zu verfälschen.

Wir persönlich verwenden am liebsten Gläser der Firma Weck. Viele unterschiedliche und schöne Glasformen, von Sturzgläsern über Tulpengläser bis zu Saftflaschen, kleine Größen und Einkochzubehör machen Spaß und das Ergebnis schaut toll aus. Die Gläser kann man nicht nur fast unbegrenzt wiederverwenden, durch den Einkochring entsteht zudem ein luftdichtes Vakuum, welches die lange Haltbarkeit eurer Köstlichkeiten garantiert.

Wie immer gilt: Natürlich könnt ihr auch Gläser anderer Hersteller verwenden.

WINTER

Der Saisonkalender

DEZEMBER – FEBRUAR

Obst

Apfel
Birne
Zitrusfrüchte

Gemüse

Hülsenfrüchte
Kartoffel
Kohl
Lauch
Pastinake
Rettich
Rote Bete
Sauerkraut
Süßkartoffel
Zwiebel

Die Einkaufsliste für die ganze Woche

Das musst du einkaufen:

Obst
2 Limetten
3 Zitronen

Gemüse
125 g Feldsalat
200 g Champignons
1 kleine Dose Erbsen
  (etwa 200 g)
1 Stange Lauch
200 g Kartoffeln,
  festkochend

Kräuter
1 Bund Dill
1 Bund Petersilie, glatt

Kühlprodukte
1 Becher Schmand
  (200 g)
1 Becher süße
  Sahne (200 g)
4 Scheiben
  junger Gouda

1 Becher Frischkäse
  (200 g), Doppel-
  rahmstufe
1 Packung Feta (150 g)

Fleisch
4 Scheiben
  Kochschinken
200 g Rinderfilet

Sonstiges
1 Packung Tortilla-
  Wraps (6 Stück)
1 Packung Miso-Paste
  (20 g, erhältlich im
  Asialaden)
1 Packung Instant-
  Mie-Nudeln (250 g)
1 Packung rote Linsen
  (500 g)
1 großes Glas Rote
  Bete (etwa 720 g)

Das solltest du zu Hause haben:

Muskatnuss,
  gemahlen
Oregano,
  getrocknet
Pfeffer, schwarz
Salz

Das

MITTAGESSEN FÜRS BÜRO

im Winter

SCHINKEN-KÄSE-ECKEN

Dauer: 10 Minuten
Zutaten für 2 Personen:

4 Tortilla-Wraps
4 Scheiben Kochschinken
4 Scheiben junger Gouda
125 g Feldsalat
Salz
frisch gemahlener
  schwarzer Pfeffer

Eine beschichtete Pfanne erhitzen und eine Tortilla hineinlegen. Zwei Scheiben Schinken, zwei Scheiben Gouda und die Hälfte des Feldsalats darauf verteilen. Mit Salz und Pfeffer würzen und mit einer zweiten Tortilla abdecken. 3 Minuten erhitzen, dann die Tortillas in der Pfanne wenden und die zweite Seite weitere 5 Minuten erhitzen.

Die Tortillas aus der Pfanne nehmen und die zweite Portion genauso zubereiten.

Beide Tortillas in Dreiecke geschnitten servieren.

Nach Belieben Ketchup oder Sauerrahm zu den Schinken-Käse-Ecken reichen.

INSTANT-NUDELSUPPE

Dauer: 12 Minuten
Zutaten für 2 Personen:

20 g Miso-Paste
250 g Instant-Mie-Nudeln
200 g Erbsen (Dose)
200 g Champignons
1 Stange Lauch
1 Limette
200 g Rinderfilet

Die Miso-Paste und die Mie-Nudeln auf zwei Suppenschüsseln oder dekorative Einmachgläser verteilen. Die Erbsen abtropfen. Champignons putzen, Lauch waschen und putzen und beides in feine Scheiben schneiden. Jeweils die Hälfte der Erbsen, der Champignons und des Lauchs in die Gläser schichten. Im Wasserkocher 600 ml Wasser erhitzen und je 300 ml in die Gläser gießen. Die Suppe 5 Minuten abgedeckt ziehen lassen, bis die Nudeln weich sind.

Inzwischen die Limette auspressen. Rindfleisch in hauchdünne Streifen schneiden, mit Limettensaft beträufeln und in die Suppe geben. Noch warm genießen.

3 x AUFS BROT:
SAISONALE AUFSTRICHE

Zutaten für je 2 Personen:

Kartoffel-Aufstrich

Dauer: 15 Minuten

200 g festkochende Kartoffeln
Salz
100 g Frischkäse, Doppelrahmstufe
½ Bund glatte Petersilie
1 Zitrone
1 Msp. gemahlene Muskatnuss
frisch gemahlener
  schwarzer Pfeffer

Kartoffeln schälen. Salzwasser in einem Topf erhitzen und Kartoffeln darin gar kochen. Kartoffeln abgießen, stampfen und mit dem Frischkäse vermischen. Petersilie fein hacken und untermischen. Zitrone auspressen und den Aufstrich mit Zitronensaft, Muskat, Salz und Pfeffer abschmecken.

Rote-Bete-Aufstrich

Dauer: 5 Minuten

⅓ großes Glas Rote Bete
1 Limette, 75 g Feta
1 EL getrockneter Oregano
Salz, frisch gemahlener
  schwarzer Pfeffer

Rote Bete pürieren. Die Limette auspressen und den Feta zerbröseln. Alle Zutaten vermischen und mit Salz und Pfeffer abschmecken.

Linsen-Aufstrich

Dauer: 15 Minuten

500 g rote Linsen
  (davon 250 g für morgen)
½ Bund Dill, 1 Zitrone
100 g Frischkäse, Doppelrahmstufe
Salz, frisch gemahlener
  schwarzer Pfeffer

Die ganze Packung Linsen in einem Topf mit Wasser laut Packungsanweisung kochen. Die Hälfte in einer verschlossenen Schüssel in den Kühlschrank geben. Die andere Hälfte pürieren. Dill vom Zweig zupfen und fein hacken, die Zitrone auspressen. Linsen mit dem Dill und dem Frischkäse vermischen und mit Zitronensaft, Salz und Pfeffer abschmecken.

ROTE-BETE-WRAP

Dauer: 10 Minuten
Zutaten für 2 Personen:

½ Bund Dill
1 Zitrone
200 g Schmand
2 Tortilla-Wraps
250 g rote Linsen
   (vorgekocht vom Vortag)
⅓ großes Glas Rote Bete
Salz
frisch gemahlener
   schwarzer Pfeffer

Den Dill vom Stängel zupfen und fein hacken, die Zitrone auspressen. Den Schmand mit dem Dill und dem Zitronensaft gut vermischen und die beiden Tortillas damit bestreichen.

Die vorgekochten Linsen vom Vortag auf die Tortillas verteilen. Die Roten Beten abgießen, grob würfeln und ebenfalls auf die Tortillas geben. Mit Salz und Pfeffer würzen. Die Tortillas eng zu Wraps einrollen und mit einem scharfen Messer halbieren.

Die Wraphälften auf zwei Tellern anrichten und servieren.

ROTE-BETE-SUPPE
MIT FETA UND THYMIAN

Dauer: 12 Minuten
Zutaten für 2 Personen:

½ Bund glatte Petersilie
⅓ großes Glas Rote Bete
200 g süße Sahne
Salz
frisch gemahlener
  schwarzer Pfeffer
75 g Feta

Die Petersilienblätter vom Stängel zupfen. Die Roten Beten abgießen. Etwa 3 EL der Beten stifteln und beiseitestellen. Die restliche Roten Beten in einem Topf gemeinsam mit der Sahne und der Petersilie erhitzen, einmal aufkochen und mit einem Pürierstab zu einer glatten Suppe pürieren. Mit Salz und Pfeffer abschmecken.

Die Suppe auf Schüsselchen verteilen. Den Feta in grobe Stücke zerbröseln und zusammen mit der gestiftelten Roten Beten in die Suppe geben.

Die Suppe nach Belieben mit Thymian garnieren und Fladenbrot dazu reichen.

Die Einkaufsliste für die ganze Woche

Das musst du einkaufen:

Obst
2 Zitronen
1 Orange
1 Blutorange
2 Birnen

Gemüse
2 rote Chilischoten
4 Knollen Rote Bete
1 kg Kartoffeln,
   festkochend
2 Pastinaken
2 rote Spitzpaprika
4 Süßkartoffeln
125 g Rucola
11 mittelgroße sowie
   2 große Zwiebeln
1 Stange Lauch
1 kleine Dose Erbsen
   (etwa 200 g)

Kräuter
2 Bund Petersilie, glatt

Fleisch
300 g Rinderhackfleisch
300 g Hühnerfilet
4 Frankfurter Würstchen
200 g Speck am Stück

Kühlprodukte
1 Rolle Ziegenkäse
1 Packung Feta (150 g)
1 Becher Schmand (200 g)
250 g Blauschimmelkäse
250 g Bergkäse
1 Becher Ricotta (250 g)

Sonstiges
2 Päckchen Trockenhefe
1 kleine Packung
   Studentenfutter
1 Packung Bulgur (500 g)
1 Dose Kokosmilch (400 ml)
1 Packung oder Dose
   gesalzene Erdnüsse
   (200g)
1 kleines Glas schwarze
   Oliven, ohne Stein (156 g)

Das solltest du zu Hause haben:

Aceto balsamico
Brot, altes (300 g)
Butter
Butterschmalz
Curry-Gewürzmischung
Gemüsebrühe
Harrissa-Gewürzmischung
Knoblauch
Koriander, gemahlen
Kreuzkümmel,
   gemahlen
Kümmelsamen
Kurkuma
Olivenöl
Oregano, getrocknet
Paprika, edelsüß, gemahlen
Paprika, geräuchert,
   gemahlen
Pfeffer, schwarz
Salz
Sojasauce, dunkel
Sonnenblumenöl
Tomatenmark
Weizenmehl, Type 405

Die

WARME
MAHLZEIT

im Winter

HACKFLEISCH-PIZZA MIT OLIVEN UND ZIEGENKÄSE

Dauer: 40 Minuten
Zutaten für 2 Personen:

250 g Weizenmehl, Type 405
1 Päckchen Trockenhefe
2 EL Olivenöl
1 mittelgroße Zwiebel
2 EL Butter
300 g Rinderhackfleisch
1 rote Chilischote
2 EL Harrissa-Gewürzmischung
3 EL Tomatenmark
Salz
frisch gemahlener
   schwarzer Pfeffer
1 Rolle Ziegenkäse
1 kleines Glas schwarze Oliven,
   ohne Stein (156 g)
½ Bund Petersilie

Aus Mehl, 350 ml lauwarmem Wasser, Trockenhefe und Olivenöl einen festen Teig kneten und abgedeckt 20 Minuten ruhen lassen.

Den Backofen vorheizen (250 °C, Umluft). Wer einen Pizzastein hat, kann diesen miterhitzen; ansonsten ein Backblech mit in den Ofen geben.

Die Zwiebel abziehen und fein würfeln. Die Butter in einer beschichteten Pfanne erhitzen und die Zwiebel darin anschwitzen. Das Hackfleisch dazugeben und gar braten. Die Chilischote fein hacken. Das Rinderhackfleisch mit Chili, Harrissa und Tomatenmark würzen und mit Salz und Pfeffer abschmecken.

Den Teig auf der Arbeitsfläche ausrollen und mit dem gewürzten Hackfleisch belegen. Den Ziegenkäse in Scheiben schneiden und auf dem Hackfleisch verteilen. Oliven halbieren und auf der Pizza verstreuen. Die Pizza anschließend auf dem vorgeheizten Backblech im Ofen in 7–10 Minuten knusprig backen.

Die Petersilie vom Stängel zupfen und die Pizza vor dem Essen mit der Petersilie garnieren.

ROTE-BETE-BROTSALAT MIT STUDENTENFUTTER UND FETA

Dauer: 70 Minuten
Zutaten für 2 Personen:

4 Knollen Rote Bete
4 EL Olivenöl
3 EL getrockneter Oregano
Salz
frisch gemahlener
  schwarzer Pfeffer
8 EL Aceto balsamico
300 g Brot, altes
1 Zitrone
1 Orange
1 Blutorange
150 g Feta
1 kleine Packung
  Studentenfutter

Die rohen Roten Beten waschen, schälen und in eine ofenfeste Auflaufform geben. 1 EL Olivenöl und den Oregano vermischen und die Beten damit marinieren. Leicht salzen und pfeffern und 6 EL Balsamico darüberträufeln. Die Auflaufform mit Alufolie abdecken und für 50 Minuten in den vorgeheizten Backofen (220 °C, Ober-/Unterhitze) geben.

Das trockene Brot in etwa 2 x 2 cm große Stücke schneiden und in eine Schüssel geben. Zitrone und Orange auspressen. Aus 2 EL Olivenöl, 2 EL Balsamico, Zitronen- und Orangensaft, etwas Salz und Pfeffer sowie 5 EL Wasser ein Dressing anrühren und über das Brot gießen. Gut durchmengen und ziehen lassen.

Die Blutorange schälen und filetieren. Den Feta grob zerbröseln. Beides beiseitestellen.

Nach 50 Minuten die Roten Beten aus dem Ofen nehmen und mit einer Gabel testen, ob sie schon weich sind. Sollte dies nicht der Fall sein, die Roten Beten noch mal zurück in den Ofen geben. Die garen Roten Beten kurz abkühlen lassen. Anschließend mit einem Messer in sehr dünne Scheiben schneiden und unter das eingeweichte Brot mischen. Gemeinsam mit der Blutorange und dem Studentenfutter auf zwei Tellern anrichten.

Vor dem Servieren den Fetakäse über den Brotsalat streuen und diesen mit jeweils ½ EL Olivenöl abrunden. Den Salat lauwarm genießen.

WARME PITA MIT HUHN, BULGUR UND RICOTTA

Dauer: 45 Minuten
Zutaten für 2 Personen:

250 g Weizenmehl, Type 405
1 Päckchen Trockenhefe
2 EL Olivenöl
300 g Hühnerfilet
2 EL Butter
2 EL dunkle Sojasauce
2 EL Tomatenmark
1 EL Paprika, geräuchert,
  gemahlen
⅓ Packung Bulgur
  (etwa 166 g)
Salz
½ Bund glatte Petersilie
250 g Ricotta
frisch gemahlener
  schwarzer Pfeffer

Aus Mehl, 350 ml lauwarmem Wasser, Trockenhefe und Olivenöl einen festen Teig kneten und abgedeckt 20 Minuten ruhen lassen.

Den Backofen vorheizen (200 °C, Umluft). Wer einen Pizzastein hat, kann diesen miterhitzen; ansonsten ein Backblech mit in den Ofen geben.

Das Hühnerfilet sehr fein hacken. In einer Pfanne die Butter erhitzen und das Hühnerfilet darin gar braten. Mit Sojasauce, Tomatenmark und Paprika würzen.

Währenddessen den Bulgur in einem Topf mit Salzwasser gar kochen, anschließend abgießen und kurz abkühlen lassen. Die Petersilie fein hacken und unter den Ricotta mischen.

Den Teig in zwei Portionen teilen und länglich ausrollen. Jeweils die Hälfte des Teiges mit je der Hälfte des Ricottas, Bulgurs und des Hühnerfilets belegen und die Füllung salzen und pfeffern. Die obere Seite des Teiges darüberklappen und den Teig rundum zu einer geschlossenen Teigtasche festdrücken. Im vorgeheizten Ofen 15–20 Minuten backen, bis der Teig knusprig ist.

Die fertigen Teigtaschen auf zwei Tellern anrichten und servieren.

VEGGIE-KOKOS-CURRY MIT GELBEM BULGUR

Dauer: 30 Minuten
Zutaten für 2 Personen:

Salz
⅓ Packung Bulgur
  (etwa 166 g)
3 EL Curry-Gewürzmischung
1 EL Kurkuma
1 Knoblauchzehe
1 EL gemahlener Kreuzkümmel
1 EL gemahlener Koriander
frisch gemahlener
  schwarzer Pfeffer
3 mittelgroße Zwiebeln
500 g festkochende
  Kartoffeln
2 Pastinaken
1 Stange Lauch
2 EL Sonnenblumenöl
400 ml Kokosmilch
1 Zitrone
200 g Erbsen (Dose)
1 rote Chilischote
200 g gesalzene Erdnüsse

In einem Topf Salzwasser zum Kochen bringen. Den Bulgur zusammen mit dem Curry und Kurkuma hineingeben und so lange kochen, bis der Bulgur weich ist. Abgießen und beiseitestellen.

Die Knoblauchzehe abziehen und mit der flachen Seite einer Messerklinge zerdrücken. Knoblauch, Kreuzkümmel, Koriander, Salz und Pfeffer vermischen. Die Zwiebeln abziehen und in feine Ringe schneiden. Die Kartoffeln und die Pastinaken schälen und in Würfel schneiden. Den Lauch waschen, putzen und in Ringe schneiden.

In einem Topf das Öl erhitzen, die Zwiebeln und die Gewürzmischung hineingeben und anschwitzen. Dann die Kartoffeln, die Pastinaken und den Lauch zu den Zwiebeln geben und mit Kokosmilch aufgießen. Die Temperatur reduzieren und das Gemüse 15 Minuten köcheln lassen.

Inzwischen die Zitrone auspressen, die Erbsen abtropfen und die Chilischote fein hacken. Zitronensaft, Erbsen und die Hälfte der Erdnüsse dazugeben und das Curry mit Salz, Pfeffer und der gehackten Chilischote abschmecken.

Das Curry auf zwei Teller verteilen, mit den restlichen Erdnüssen bestreuen und zusammen mit dem gelben Bulgur servieren.

WÜRSTEL-GULASCH WIENER ART MIT KARTOFFELN

Dauer: 60 Minuten
Zutaten für 2 Personen:

2 große Zwiebeln
2 rote Spitzpaprika
500 g festkochende Kartoffeln
2 EL Butterschmalz
600 ml Gemüsebrühe
1 Bund glatte Petersilie
3 EL Paprika, edelsüß,
  gemahlen
1 EL Kümmelsamen
4 Frankfurter Würstchen
Salz
frisch gemahlener
  schwarzer Pfeffer
100 g Schmand

Die Zwiebeln abziehen und in Streifen schneiden. Die Paprika waschen, entkernen und ebenfalls in Streifen schneiden. Die Kartoffeln schälen und in Würfel schneiden. In einem Topf das Schmalz erhitzen und die Zwiebeln darin anschwitzen. Die Paprikastreifen und die Kartoffelwürfel zu den Zwiebeln geben. 5 Minuten anbraten, anschließend mit der Gemüsebrühe aufgießen. Die Petersilie hacken und gemeinsam mit der gemahlenen Paprika und den Kümmelsamen dazugeben.

Die Temperatur reduzieren und das Gulasch 45 Minuten einkochen lassen. Kurz vor dem Servieren die Frankfurter Würstchen klein schneiden, dazugeben und kurz erwärmen. Das Gulasch mit Salz und Pfeffer abschmecken.

Das Gulasch mit Schmand und nach Belieben mit Kresse garnieren und im Topf servieren.

ÜBERBACKENE OFEN-SÜSSKARTOFFELN MIT BLAUSCHIMMELKÄSE

Dauer: 70 Minuten
Zutaten für 2 Personen:

4 Süßkartoffeln
2 EL Olivenöl
250 g Blauschimmelkäse
200 g Speck am Stück
Salz
frisch gemahlener
　schwarzer Pfeffer
125 g Rucola

Die Süßkartoffeln waschen, ungeschält mit Olivenöl einreiben, in eine ofenfeste Auflaufform geben und im vorgeheizten Backofen (200 °C, Umluft) 50 Minuten backen.

Inzwischen den Blauschimmelkäse mit den Fingern in einer Schüssel zerdrücken. Speck in kleine Würfel schneiden und unter den Käse mischen. Mit Salz und Pfeffer abschmecken.

Die Süßkartoffeln aus dem Ofen nehmen, mit einem Messer oben einritzen und ein kleines Stück auseinanderklappen. Den Blauschimmelkäse mit dem Speck auf den Süßkartoffeln verteilen und diese noch mal für 5 Minuten im Backofen mit eingeschalteter Grillfunktion gratinieren.

Die Süßkartoffeln mit Rucola garnieren und im Ganzen servieren.

Tipp:
Zwiebel-Chutney ergänzt das Gericht perfekt. Das Rezept findet ihr auf Seite 183.

GEFÜLLTE ZWIEBELN MIT BIRNEN-BULGUR

Dauer: 50 Minuten
Zutaten für 2 Personen:

7 mittelgroße Zwiebeln
Salz
⅓ Packung Bulgur
  (etwa 166 g)
2 Birnen
250 g Bergkäse
2 EL Olivenöl
100 g Schmand
1 EL getrockneter Oregano
frisch gemahlener
  schwarzer Pfeffer

Die Zwiebeln abziehen und jeweils den Deckel in Höhe von etwa ½ cm abschneiden. Die Zwiebeln dann mit dem Messer vorsichtig innen entlang der Außenwand einschneiden und mit einem Teelöffel so aushöhlen, dass die Wand nach außen stehen bleibt.

In einem Topf Salzwasser zum Kochen bringen. Den Bulgur darin gar kochen. Inzwischen die Birnen waschen, vierteln, das Kerngehäuse entfernen und das Fruchtfleisch fein hacken. Den Bergkäse reiben. Den Bulgur abgießen und in einer Schüssel mit den Birnen, dem Olivenöl, dem Schmand und dem Oregano vermischen. Das übrig gebliebene Zwiebel-innere sehr fein würfeln und dazugeben. Die Hälfte des Käses untermischen und alles mit Salz und Pfeffer abschmecken.

Die Bulgur-Zwiebel-Mischung in die Zwiebelhüllen füllen und den restlichen Käse darüberstreuen. Die gefüllten Zwiebeln in eine ofenfeste Pfanne setzen, diese mit Alufolie abdecken und die Zwiebeln im vorgeheizten Backofen (200 °C, Umluft) 30–35 Minuten backen, bis sie weich sind.

Die Zwiebeln nach Belieben mit Kresse garnieren und auf Teller verteilt servieren.

Das
FRÜHSTÜCK
im Winter

EI IM GLAS MIT KICHERERBSEN-PAPRIKA-SALAT

Dauer: 25 Minuten
Zutaten für 2 Personen:

1 rote Paprika
100 g Kichererbsen (Dose)
½ Bund glatte Petersilie
2 EL Olivenöl
1 TL gemahlener Kreuzkümmel
Salz
frisch gemahlener
  schwarzer Pfeffer
2 Eier

Die Paprika waschen, entkernen und sehr fein hacken. Die Kichererbsen abtropfen, mit einer Gabel zerdrücken und unter die Paprika mischen. Die Petersilie fein hacken und zusammen mit der Paprika, den Kichererbsen, dem Olivenöl und dem Kreuzkümmel in eine Schüssel geben. Mit Salz und Pfeffer abschmecken und gut mischen.

Zwei ofenfeste Gläser (zum Beispiel Einmachgläser à 300 ml) mit jeweils der Hälfte des Gemüses füllen. Obenauf jeweils ein Ei aufschlagen.

Eine ofenfeste Auflaufform 2 cm hoch mit Wasser füllen und die Gläser hineinstellen. Im vorgeheizten Backofen (160 °C, Umluft) 15 Minuten garen, bis das Eiweiß gestockt ist.

Das Ei und den Salat direkt aus dem Glas essen. Nach Belieben Fladenbrot dazu reichen. Auch Frischkäse mit Paprika passt wunderbar dazu.

SMOOTHIES: ZITRONE VS. ROTE-BETE-KOKOS

Dauer je Smoothie: 5 Minuten
Zutaten für 2 Personen:

Zitronen-Smoothie

3 Zitronen
1 Bund Minze
300 ml Buttermilch
2 EL Ahornsirup

Die Zitronen auspressen. Die Minzeblätter von den Stängeln zupfen. Zitronensaft, Minze, Buttermilch und Ahornsirup in einen Standmixer geben und zu einem Smoothie verarbeiten.

Rote-Bete-Kokos-Smoothie

1 kleines Glas Rote Bete
  (etwa 300 g)
1 Bund Minze
200 ml Kokosmilch
2 EL Honig

Rote Bete abgießen. Minzeblätter von den Stängeln zupfen. Rote Bete, Minze, Kokosmilch und Honig in einen Standmixer geben und zu einem Smoothie verarbeiten.

Tipp:

Gebt noch einige Eiswürfel mit in den Mixer, wenn ihr Smoothies gerne kalt trinkt.

DEFTIGE FRITTATA
MIT BOHNEN UND SPECK

Dauer: 20 Minuten
Zutaten für 2 Personen:

2 EL Sonnenblumenöl
150 g gewürfelter Speck
200 g weiße Bohnen (Dose)
1 kleine rote Chilischote
4 Eier
100 g süße Sahne
Salz
frisch gemahlener
  schwarzer Pfeffer
1 Stange Lauch

Das Sonnenblumenöl in einer ofenfesten Pfanne erhitzen und den Speck kurz darin anbraten. Bohnen abgießen, Chili fein hacken und beides mit in die Pfanne geben. Die Eier in eine Schüssel aufschlagen und mit der Sahne verquirlen. Mit Salz und Pfeffer würzen. Die Ei-Sahne-Mischung ebenfalls in die Pfanne gießen. Bei niedriger Temperatur unter ständigem Rühren leicht stocken lassen. Den Lauch waschen, putzen, fein hacken und darauf verteilen.

In der Pfanne im vorgeheizten Backofen (180 °C, Umluft) noch mal 10 Minuten backen.

Die Frittata anschließend auf zwei Teller verteilen und heiß servieren.

KAROTTEN-RETTICH-NESTER MIT EI UND LIEBSTÖCKEL

Dauer: 15 Minuten
Zutaten für 2 Personen:

3 Karotten
1 Rettich
2 EL Olivenöl
2 Eier
Salz
frisch gemahlener
  schwarzer Pfeffer
4 Stängel Liebstöckel

Die Karotten gut waschen und den Rettich schälen. Beides mit einem Spiralschneider zu dünnen Streifen verarbeiten. Das Olivenöl in einer beschichteten Pfanne erhitzen und das Gemüse kurz darin anschwitzen.

Anschließend zwei Gemüsehäufchen in der Pfanne abtrennen und auf jedes Häufchen ein Ei aufschlagen. Mit Salz und Pfeffer würzen. Deckel auf die Pfanne setzen und das Ei 4–5 Minuten bei mittlerer Temperatur garen, bis das Eiweiß gestockt ist.

Den frischen Liebstöckel hacken. Die Karotten-Rettich-Nester auf zwei Teller verteilen, mit dem Liebstöckel garnieren und nach Belieben noch einmal salzen und pfeffern

Tipp:

Wenn ihr es auch schon zum Frühstück scharf möchtet, könnt ihr noch eine frische Chilischote hacken und darüberstreuen.

Das

EINKOCHEN

im Winter

SALZZITRONEN

Dauer: 15 Minuten
Zutaten (ergibt
2 Einmachgläser à 1 l):

10 unbehandelte Zitronen
200 g grobes Meersalz

Tipp:

Mit diesem Rezept könnt
ihr auch Salzorangen
einlegen.

Die Einmachgläser sowie deren Deckel mindestens
10 Minuten in heißem Wasser abkochen.

Währenddessen die Zitronen unter heißem Wasser
gründlich waschen, mit einem scharfen Messer bis ins
Fruchtfleisch hinein kreuzförmig einschneiden und
etwas Meersalz in die Öffnungen füllen. Die Zitronen
in die Einmachgläser schichten, dabei gut zusammen-
drücken, sodass etwas Saft austritt. Das restliche
Meersalz auf die Gläser verteilen. Wasser aufkochen
und die Gläser bis kurz unter den Rand damit auffüllen. Die Gläser mit den Deckeln gut verschließen.
Dabei darauf achten, dass Deckel und Rand der
Gläser sauber sind. Die Zitronen nun mindestens
6 Wochen an einem dunklen Ort ziehen lassen.

Das Glas nach dem Öffnen im Kühlschrank aufbe-
wahren. Gut gekühlt sind die Zitronen dann noch
2–3 Wochen haltbar.

KARAMELLISIERTES ZWIEBEL-CHUTNEY

Dauer: 60 Minuten
Zutaten (ergibt
6 Einmachgläser à 200 ml):

1 kg Zwiebeln
3 EL Butter
200 g Zucker, braun
150 ml Aceto balsamico
100 g Rosinen
Salz
frisch gemahlener
   schwarzer Pfeffer

Die Zwiebeln abziehen und in feine Scheiben schneiden. In einem Topf die Butter erhitzen und die Zwiebeln darin anschwitzen. Den Zucker dazugeben und so lange erhitzen, bis er karamellisiert. Mit dem Balsamico ablöschen, die Temperatur reduzieren, Deckel auf den Topf geben und die Zwiebeln 50 Minuten einkochen lassen, dabei immer wieder umrühren. Kurz vor Ende der Kochzeit die Rosinen untermischen und das Chutney mit Salz und Pfeffer abschmecken.

Die Einmachgläser sowie deren Deckel mindestens 10 Minuten in heißem Wasser abkochen. Anschließend das Chutney sofort in die Gläser abfüllen und diese mit den Deckeln gut verschließen. Dabei darauf achten, dass Deckel und Rand der Gläser sauber sind. Die Gläser für 5 Minuten auf den Kopf stellen, dann umdrehen und auskühlen lassen.

Das Chutney ist bei dunkler Lagerung etwa 8 Monate haltbar.

SENF SELBST MACHEN

Dauer jeweils: 15 Minuten
Zutaten (ergibt
6 Einmachgläser à 200 ml):

500 g weiße Senfsamen
200 g braune Senfsamen
400 ml Apfelessig
500 g Zucker, braun

Tipp:

Frischer Senf schmeckt
sehr grasig. Erst nach
3 Wochen im Glas
entfaltet er seinen
Geschmack!

Die weißen Senfsamen in einer Mühle fein mahlen,
anschließend die braunen Samen etwas gröber mahlen.

Den Apfelessig zusammen mit 400 ml Wasser und
dem braunen Zucker aufkochen, bis der Zucker sich
aufgelöst hat. Nun löffelweise die gemahlenen Senf-
körner einrühren, bis eine zähe Masse entsteht.

Währenddessen die Einmachgläser sowie deren
Deckel mindestens 10 Minuten in heißem Wasser
abkochen. Anschließend den Senf sofort in die Gläser
abfüllen und diese mit den Deckeln gut verschließen. Dabei darauf achten, dass Deckel und Rand der
Gläser sauber sind. Die Gläser für 5 Minuten auf den
Kopf stellen, dann umdrehen und auskühlen lassen.

Der Senf ist bei dunkler Lagerung etwa 12 Monate
haltbar.

Variante: Feigensenf

Hierfür sechs reife Feigen waschen, halbieren und
pürieren. Unter die fertige Grundmasse mischen und
diese einmal aufkochen lassen. Anschließend wie
gehabt abfüllen.

Variante: Zwiebelsenf

Hierfür vier mittelgroße Zwiebeln abziehen, in feine
Ringe schneiden und in einer Pfanne in 4 EL
heißer Butter anschwitzen. Mit 3 EL Aceto balsamico
ablöschen. Unter die Grundmasse mischen und
anschließend wie gehabt abfüllen.

SAUERKRAUT SELBST MACHEN

Dauer: 20 Minuten
Zutaten für einen
Gärtopf à 3 l:

1 großen Kopf Weißkohl
Salz

Für die Herstellung von Sauerkraut benötigt man einen Gärtopf (3 l). Den Kohlkopf waschen, den Strunk entfernen und in feine Streifen hobeln. Diese nun etwa 6 cm hoch in den Gärtopf schichten und mit 2 EL Salz bedecken. Den Kohl mit einem Stampfer oder Kochlöffel gut feststampfen. Den Vorgang so lange wiederholen. bis der Topf voll ist. Einen Beschwerstein oben auf den Kohl setzen. Den Deckel auf den Topf aufsetzen und die Rinne um den Gärtopf mit einem Gemisch aus 60 % Wasser und 40 % Salz auffüllen. Den Topf bei Zimmertemperatur stehen und den Kohl gären lassen.

Nach 5 Tagen ist das Kraut fertig und kann weiterverwendet oder im Kühlschrank gelagert werden.

Winterzeit ist

DIE ZEIT FÜR EINTÖPFE UND BRATEN!

In der Winterzeit gibt es nichts Behaglicheres als wärmende Eintöpfe, in denen man wunderbar das saisonale Wurzelgemüse verwerten kann.

Möchte man seinen Kühlschrank leeren oder aus dem großen Portfolio an Gemüse schöpfen, welches uns die Natur auch in der kalten Jahreszeit zur Verfügung stellt, ist ein Eintopf immer das Richtige.

Aber nicht nur auf gutes Gemüse und hochwertige Zutaten kommt es an, sondern auch darauf, worin wir es zuberei-ten. Bei Töpfen und Pfannen setzen wir auf Qualität und Langlebigkeit! Unser Motto ist „Alles verwenden und nichts verschwenden" und hierzu gehören für uns auch gut verarbeitete Töpfe und Pfannen, welche nicht schon nach den ersten Jahren kaputt gehen. So gehören unserer Meinung nach in jeden Haushalt nebst guten Pfannen in zwei Größen (wir empfehlen für Zwei-Personen-Haushalte Pfannen mit je einem Durchmesser von etwa 18 und 25 cm) auch Töpfe unterschiedlicher Größen, in denen man neben Reis, Pasta und Co. auch Schmorgerichte zubereiten kann. Gerade für kleinere Haushalte reichen ein Topf mit etwa

4 Liter Fassungsvermögen nebst zwei kleineren mit etwa 2,5 Liter und 1,5 Liter schon aus, damit man für jede Jahreszeit und jedes Gericht gut gerüstet ist.

Ein tolles und sehr langlebiges Material für Töpfe und Pfannen ist Emaille. Viele kennen es noch aus Omas Zeiten, und das hat auch einen Grund, denn Emaille-Kochgeschirr ist extrem langlebig und gehört somit für uns auf die Favoriten-Liste, wenn es um nachhaltiges Kochen geht!

Grundprodukt zur Herstellung eines Emaille-Topfes ist in der Regel Eisen, welches in Form gepresst und anschließend bei 850 °C mit silikatischem Glas verschmolzen wird. Die Töpfe und Pfannen werden dadurch nicht nur extrem kratzfest, durch den Hauptbestandteil Eisen speichert das Kochgeschirr die Hitze auch sehr gut und eignet sich perfekt für Schmorgerichte und Eintöpfe. Mit weniger Energieaufwand kann mit Emaille nachhaltig gekocht werden. Mein Tipp: Nutzt beim Kochen maximal mittlere Hitze, das Eisen leitet die Hitze bis an den Rand des Topfs, somit braucht man gar nicht mehr Energie. Schaltet die Herdplatte einige Minuten, bevor das Gericht fertig ist, aus. Die gespeicherte Hitze im Topf wird den Rest erledigen.

Ein weiteres Plus ist die Flexibilität, welche man mit Emaille-Produkten hat: Oft muss man die Pfanne oder den Topf noch in den Ofen geben, um die Frittata fertig zu braten oder den Eintopf im Backrohr fertig zu schmoren. Emaille-Töpfen und -Pfannen mit Emaille-Deckel sind Multifunktionstalente und man kann diese, ohne groß nachzudenken, in den Ofen schieben!

Wir verwenden am liebsten das Emaille-Kochgeschirr der österreichischen Marke Riess. Die Firma hat Emaille-Kochgeschirr mit ihren neuen „Aromapots" modern gestaltet. Wir haben zu Hause drei Größen, den Aromapot-Topf, die -Kasserolle und die -Pfanne, in Weiß, Hellgrau, Dunkelblau, Pastellgrün und Aubergine und verwenden die Aromapots nicht nur zum Kochen, sondern servieren auch unser Essen direkt daraus. In einem schönen Gefäß serviert schmeckt's doch gleich doppelt gut!

Selbstverständlich könnt ihr auch Emaille-Produkte anderer Hersteller verwenden.

REGISTER

UNSERE LIEBLINGSHELFER IN DER KÜCHE

Kenwood   www.kenwoodworld.com

KENWOOD Cooking Chef Gourmet

Ein absoluter Allrounder, um Produkte wie
Pasta & Co. selbst zu produzieren. Durch sein
großes Zubehör-Sortiment kann er in jedem
Haushalt individuell genutzt werden.

www.tupperware.at
Tupperware   www.tupperware.de

TUPPERWARE Klimakönig

In diesen Behältern bleiben Obst und
Gemüse im Kühlschrank lange frisch und
voller Geschmack. Ein Accessoire, das in
jedem Kühlschrank zu finden sein sollte.

Weck   www.weck.de

WECK Glas-Sortiment

Eingekochtes ist Trend – und in diese hübschen
Gläser abgefüllt sieht es auf dem Tisch einfach
schön aus. Zudem sind die Weck-Produkte
nachhaltig, da sie immer wieder verwendet
werden können.

Riess   www.riess.at

RIESS Aromapots

Die Emaille-Aromapots von Riess sind
nicht nur optisch ein Highlight. Da komplett
auf Plastik verzichtet wird, hat man auch
langfristig etwas von seinem Kochgeschirr.

Impressum

Produktmanagement & Redaktion:
 Stefanie Heim
Umschlag- & Layoutgestaltung:
 Benedikt Steinle, www.yaycreative.at
Satz: Susanne Eder, www.yaycreative.at
Korrektur: Franziska Sorgenfrei
Repro: Repro Ludwig, Zell am See
Herstellung: Bettina Schippel
Partnermanagement: Thomas Nehm
Illustrationen Umschlag & Innenteil:
 Elena Pimonova
Text & Rezepte: Antonia Kögl
Fotografie:
 Benedikt Steinle, www.yaycreative.at
Printed in Germany
 by Appl aprinta GmbH & Co. KK

Die Deutsche Nationalbibliothek verzeichnet diese Publikation in der Deutschen Nationalbibliografie; detaillierte bibliografische Daten sind im Internet über http://dnb.d-nb.de abrufbar.

Unser komplettes Programm finden Sie unter:

 www.christian-verlag.de

Alle Angaben in diesem Werk wurden von der Autorin sorgfältig recherchiert und auf den aktuellen Stand gebracht sowie vom Verlag geprüft. Für die Richtigkeit der Angaben kann jedoch keinerlei Haftung übernommen werden. Sollte dieses Werk Links auf Webseiten Dritter enthalten, so machen wir uns die Inhalte nicht zu eigen und übernehmen für die Inhalte keine Haftung.

Sind Sie mit diesem Titel zufrieden?
Dann würden wir uns über Ihre Weiterempfehlung freuen. Erzählen Sie es im Freundeskreis, berichten Sie Ihrem Buchhändler oder bewerten Sie bei Onlinekauf. Und wenn Sie Kritik, Korrekturen, Aktualisierungen haben, freuen wir uns über Ihre Nachricht an: Christian Verlag, Postfach 40 02 09, D-80702 München oder per E-Mail an lektorat@verlagshaus.de

Ebenfalls erhältlich ...

ISBN 978-3-86244-814-2

ISBN 978-3-86244-769-5

Die Gewinner der Sendung »Deutschlands bester Bäcker 2014« verraten ihre Tricks! Das Brotbackbuch für Grundlagen und Rezepte zum selber Backen

Beim Einmachen werden Aromen haltbar gemacht. Klingt einfach – ist es auch, mit Rezepten und Anleitungen zum Einkochen, Einwecken, Fermentieren & Co.